꾸준함을 이기는
아주 짧은 집중의 힘

FOCUS
ING

꾸준함을 이기는
아주 짧은
집중의 힘

하야시 나리유키 지음 | 이정현 옮김

위즈덤하우스

꿈을 현실로 만들어주는 아주 짧은 집중의 힘

이 책을 펼친 여러분은 왜 집중력을 키우려고 하는가? 아마도 '업무에서 성과를 내고 싶으니까', '효율적으로 공부하고 싶어서'처럼 저마다 이유가 있을 것이다. 그렇다면 집중력이란 도대체 어떤 능력을 말하는 것일까?

이 질문에 '집중하는 힘'이라고 대답한다면, 틀린 것은 아니지만 충분하지도 않다. 책을 시작하면서 이런 질문부터 던지는 이유는 '집중력'이라는 표현이 일상적으로 자주, 흔하게 쓰이는데도 불구하고, 집중력의 본질은 거의 알려져 있지 않기 때문이다.

나는 오랫동안 뇌신경외과 전문의로 일했는데, 뇌과학 분야에서도 집중력, 그리고 집중력을 발휘하는 뇌의 메커니즘에 대해서긴 시간 동안 분명하게 밝혀내지 못했다. 그렇기 때문에 많은 사람들이 일이나 공부, 일상생활에서 집중하지 못하여 고민한다는것을 알면서도, '어떻게 해야 내 마음대로 집중력을 발휘할 수 있는가'에 대한 확실한 해답을 속 시원하게 제시할 수 없었다.

뇌가 사고력, 기억력, 이해력, 판단력 등 다양한 능력을 관장하는 기관이라는 점은 알고 있을 것이다. 사실, 집중력도 그러한 뇌의 능력 중 하나다. 나는 응급의료센터에서 근무할 당시, 그때까지는 살릴 수 없는 것으로 여겼던 중증 뇌 손상 환자들을 치료하기 위하여 '뇌저온치료'를 개발했다. 이때 뇌가 어떤 메커니즘으로 작동하는지 밝혀내면서 집중력과 뇌의 관계, 그리고 어떻게해야 단숨에 집중력을 끌어올릴 수 있는지도 분명하게 알 수 있었다.

뇌는 복잡하면서도 놀라운 메커니즘으로 작동하는 기관이다. 이 책에서는 '꾸준히'라는 함정에서 벗어나 단숨에 목표를 달성하는 방법은 물론, 우리가 집중하지 못하게 스스로를 방해하고 있었던 이유를 밝히고 기본기부터 탄탄하게 집중하는 습관을 기르는 방법을 중점적으로 다루려고 한다.

프롤로그와 1장에서는 집중력의 정체와 사람들이 흔히 갖는 집중력에 관한 오해에 대하여 알아본다. 2장에서는 집중력의 자질을 갖추기 위하여 일상생활에서 키워야 하는 습관을 다룬다. 여기서 소개하는 방법을 하나만이라도 온전히 내 것으로 만든다면 가장 쉽고 빠르게 삶을 변화시킬 수 있을 것이다. 3장부터 4장, 5장까지는 실전에서 집중력을 끌어올리는 방법과 어떤 환경에도 영향을 받지 않는 아주 짧은 집중의 힘으로 눈부신 성과를 얻는 기술을 소개한다.

이 책을 읽다 보면 지금까지 들어본 적이 없거나 자신이 생각해온 집중력을 키우는 방법과는 다른 기술들을 많이 발견하게 될 것이다. '이렇게 한다고 정말 집중력이 생길까?' 하는 의문이 들지도 모른다. 사실 그러한 의심은 뇌의 메커니즘 중 하나가 작동한 결과다. 뇌에는 자신을 보호하려는 본능이 있어서 한 번도 들어본 적이 없는 이야기는 선뜻 믿지 못한다. 하지만 이 책을 끝까지 읽고 나면 '집중이 안 돼', '금세 싫증이 나' 같은 고민이 해결되는 동시에, 집중력뿐 아니라 기억력, 사고력, 공간인지능력 등 잠재되어 있던 뇌의 다양한 능력을 깨워 인생을 바꾸고 성공에 이를 수 있을 것이다.

업무환경이 점차 온라인으로 옮겨가면서 집중력을 어떻게 사용하느냐에 따라 삶의 질은 크게 달라질 것이다. 그때에 여러분이 1분 1초도 허투루 낭비하지 않고 단숨에 성과를 향해 내달리는 데에 이 책이 도움을 줄 수 있다면 더할 나위 없이 기쁠 것이다.

차례

상위 1퍼센트만이 알고 있는
집중의 기술

—

고성과자들의 인생을 바꾼
'이기는 힘'의 원천

어떻게 흔들림 없이
집중할 수 있을까?

✦ 실전에 강한 사람은 집중력이 다르다

"힘 있는 자만이 살아남는다." 누구나 한 번쯤은 들어봤을 만한, 그리고 누구나 고개를 끄덕일 법한 말이다. 그렇다면 여기서 말하는 '힘'이란 정확히 무슨 뜻일까?

한 프로 쇼기(일본 장기)기사는 14세라는 어린 나이에 최연소로 데뷔하였고, 첫 번째 공식전에서부터 29연패라는 쾌거를 이루었다. 또 다른 쇼기기사는 중학생 때 데뷔하여 47세까지 줄곧 정상의 자리를 지킨 살아 있는 전설이다. 그들이 승부의 세계에서 오랫동안 살아남을 수 있었던 힘은 어디에서 나온 것일까?

쇼기뿐만 아니라 스포츠에서도 국가대표처럼 최고의 경쟁자들이 모인 세계 무대에서 활약하며 위업을 달성한 사람들이 많다. 그들이 보여주는 중요한 순간에 흔들림 없이 실력을 100퍼센트 발휘하는 승부사 기질은 어떻게 만들어지는 것일까?

이러한 질문에 해답을 찾기 위해 지금까지 다방면에서 분석과 비평이 이루어졌다. 그 비결로 '승리를 향한 강한 집착', '끈기', '엄청난 연습량', '지기 싫어하는 성격' 등 다양한 요소들이 손꼽히기도 했다. 물론 좋은 결과를 얻으려면 그런 요소들도 필요할 것이다. 하지만 성과를 내는 사람들이 가진 힘의 근원은 무엇보다 '뛰어난 집중력'에 있다. 승부의 세계에서는 어떤 순간에도 단숨에 강력한 집중력을 이끌어낼 수 있는지가 승패를 가른다.

예를 들어, 앞서 말한 최연소 데뷔 쇼기기사는 승급이 결정되는 순위전에서 10전 10승의 무패를 기록하며 최종전도 거치지 않고 4단에서 5단으로 바로 승급함으로써 역대 최초로 중학생 5

단이 되었다. 게다가 오전에 시작하여 한밤중까지 이어지는 순위전에서 전승을 거두었다는 것은 하루종일 단 한순간도 방심하지 않았다는 뜻이다. 부담감과 긴장이 짓누르는 순간에도 모든 것의 본질인 집중력을 제대로 발휘했던 것이다.

♦ 날아오는 공도 붙잡는 '최강의 집중력'

"집중력이 뛰어난 사람일수록 수준 높은 결과를 이루어낼 수 있다." 이 말에 동의하지 않는 사람은 없을 것이다. 그렇다면 어떤 일이든 깨부술 수 있는 '최강의 집중력'이 발휘될 때에는 어떤 일이 일어날까?

배팅센터에서 공을 쳐본 적이 있는 사람이라면 공감하겠지만, 시속 130킬로미터로 날아오는 공을 배트로 맞추는 것은 쉽지 않다. 야구를 취미로 하는 사람에게도 힘든 일이다. 하지만 프로야구선수는 시속 150킬로미터를 넘는 속도로 날아오는 강속구도 거뜬히 쳐낸다. 심지어 담장을 넘기기까지 하다니, 그들은 신의 경지에 올랐다고 해도 과언이 아니다.

일본의 한 야구선수는 현역 시절 홈런 개수로 세계 기록을 수립했는데, 일본 야구장이 미국보다 작아서 세계 기록으로 공인받지는 못했지만 이 기록은 메이저리그에서도 아직 깨지지 않았다. 그는 자신의 타격을 "날아오는 공을 붙잡고 친다"라고 표현했다. 투수가 팔을 휘두르는 순간에 공이 어떻게 날아올지 미리 읽어내서 '공을 붙잡겠다'는 각오로 공이 방망이에 닿는 순간을 기다린 것이다.

그가 세계적인 기록을 남길 수 있었던 것은 '공이 날아오는 궤적을 읽어내겠다'는 의지와 '공을 붙잡겠다'는 각오를 원동력으로 아주 짧은 순간에 최대치의 집중력을 이끌어냈기 때문이다. 최강의 집중력이 발휘된 순간이 쌓여 그 진가를 드러낸 것이다.

집중력의 정체 ❷

집중력이란
무엇인가

♦ 어린아이들도 집중력 때문에 고민한다

목표한 바를 끝까지 해내고 변화를 이끌어내는 데에 집중력은 필수 요소다. 올림픽 국가대표 선수든 기업 CEO든 해야 할 일이 있는 인간이라면 누구나 마찬가지다.

회사 업무부터 공부, 일상생활에서 집중력이 얼마나 중요한지는 굳이 설명하지 않아도 모두 뼈저리게 느끼고 있다. 그러니까 더욱더 집중하지 못하는 자신을 어떻게 바꾸어야 할지 고민한다.

게다가 흔히 우리는 나이가 들어서 집중력이 떨어졌다고 한탄하지만 집중 때문에 고민하는 것은 어른만이 아니다. 예전에 지인의 초등학생 아이에게 "요즘 제일 가지고 싶은 게 뭐야?"라고 물어봤는데 "집중력이요."라는 대답이 돌아와 몹시 놀란 적이 있다. 그렇다. 어린아이들도 집중력 때문에 고민한다.

'금방 지루해진다', '집중이 안 된다', '아무리 마음을 다잡아도 의욕이 생기지 않는다', '어떻게든 시작은 했는데 금방 싫증이 난다'. 이렇게 누구나 겪어봤을 고민에서 벗어나기 위해 이제껏 우리는 다양한 방법을 시도해왔다.

- 불필요한 물건은 치우고 소음을 없앤다.
- 뇌에 좋은 음식을 먹는다.
- 집중력을 높여주는 의자나 조명을 사용한다.
- 집중하는 시간과 쉬는 시간을 적절하게 분배한다.
- 껌을 씹거나 아로마 향을 피운다.

이러한 방법들을 하나씩 시도해보는 것도 나쁘지 않다. 집중이 잘되는 환경을 조성하는 것도 손쉽게 집중력을 높일 수 있는 방법 중 하나이기 때문이다. 하지만 집중력의 본질을 이해하지 못한 채 환경만 바꾸는 것은 기대한 만큼 효과로 이어지기 어렵다.

◆ 그래서 집중력이란 무엇인가

뇌를 충분히 활용하지 못해서 집중력이 떨어진다고 생각하여 두뇌 트레이닝에 힘을 쏟는 사람도 있다. 뇌를 깨워서 집중력을 개발하겠다는 발상 자체는 나쁘지 않지만, 이 역시 집중력의 본질이 무엇인지 이해하는 것이 우선이다.

"집중력이란 무엇인가?"라는 질문에 명쾌하게 답할 수 있는 사람은 거의 없을 것이다. 실제로 내가 이런 질문을 했을 때 프로 운동선수나, 국가대표 팀의 코치들도 "무언가에 집중하는 것 아닌가요?"라고 대답하기 일쑤였다. 짧은 순간에 집중력을 최대한 발휘하는 것이 목표인 사람들조차 명확하게 설명하지 못할 정도로, 우리는 '집중력'이라는 표현을 매우 추상적인 의미로 사용하고 있다.

◆ 반쪽짜리 집중력의 숨겨진 비밀

학창 시절 부모님에게 "다른 데 눈 돌리지 말고 공부에 집중해!"라며 혼난 경험이 누구나 한 번쯤은 있을 것이다. 학교에서도 수업 시간에 "정신 차리고 집중해!"라며 기합을 받아본 사람도 있을 것이다. 하지만 그런 말을 들었다고 해서 하루아침에 집중력이 저절로 생기지는 않는다. 아무리 스스로를 다그쳐도 집중할 수 없는 경우가 대부분이다.

당연하다면 당연한 이야기다. 집중력이 무엇이며 어떻게 만들어지는지도 모르는데, 몇 마디 말로 혼났다고 해서 갑자기 집중력이 생길 리 없다. '더 집중해야겠어', '죽을 힘을 다해서 해보는 거야', '몰입하면 해낼 수 있어' 하고 자신을 타일러도 소용없었을 것이다. 일상에서 많은 사람들이 흔히 말하는 집중력이라는 개념은 본질을 이해하지 못한 채 겉핥기 식으로만 사용되는 '반쪽짜리 집중력'에 불과했기 때문이다.

'집중력이 뭔지도 모르는 내가 올림픽 국가대표 선수들처럼 단숨에 집중력을 발휘할 수 있을까?' 하는 걱정과 의심에 사로잡힌 독자들도 있을 것이다. 하지만 그럴 필요가 없다. 뇌의 본능과 뇌가 작동하는 메커니즘을 충분히 이해한다면 집중력은 나이와는 상관없이, 얼마든지 키울 수 있다. 뇌에 대한 이해가 바탕이 되지 않으면 '이제부터 본격적으로 집중해서 단박에 끝내자'며 의기양 양하게 시작하더라도 도중에 흥미를 잃거나 싫증이 나게 되고 결국은 언제나와 같은 패턴으로 돌아가게 될 것이다. 집중력이 어디에서 시작되는지 아는 것이야말로 아주 짧은 집중의 힘을 기르기 위한 첫걸음이다.

지금 반드시 알아야 할
집중력의 정체

♦ 집중력을 만들어내는 뇌의 메커니즘

그렇다면 도대체 집중력이란 무엇일까? 결론부터 말하자면, 집중력이란 집중하는 힘을 만들어내는 뇌의 메커니즘이다. 즉 집중력은 두뇌에서 시작되는 것이다.

지금까지 우리가 뇌 기능을 최대한 활용하고 싶을 때 주된 관심사는, 뇌를 자극시킨다는 특정 음악이나 그림, 또는 외부에서 들어온 자극으로 어떻게 뇌를 작동시킬 것인가였다. 그에 비해 일단 외부 자극이 머릿속으로 들어온 후에 어떤 과정을 거쳐서 감정, 기분, 이해력, 판단력, 사고력으로 이어지는지에 대해서는 거의 알려져 있지 않다. 그러니 뇌의 능력을 개발하고 싶어도 그 방법을 모르는 사람이 많은 것이다.

바꿔 생각하면, 뇌 속에서 정보가 이동하는 루트를 밝혀내면 뇌 기능을 130퍼센트 활용하는 메커니즘을 익힐 수 있고, 그것을 바탕으로 이해력이나 사고력 등 나를 한층 업그레이드시킬 수 있다. 마찬가지로 집중력도 뇌에서 만들어지는 능력 중 하나다. 그러니 뇌의 메커니즘을 이해하여 집중하는 습관을 갈고닦는다면 집중력도 얼마든지 확장시킬 수 있다.

♦ 뇌는 스스로 돕는 자를 돕는다

나는 종종 중요한 경기를 앞둔 운동선수들에게 조언을 해달라는 요청을 받을 때가 있다. 기술적인 부분이야 도와줄 수 없으니, 주로 뇌과학을 바탕으로 실전에서 능력을 최대한 발휘하는 방법을 알려준다. 수영, 육상, 배구, 스피드 스케이팅, 컬링, 골프까지 종목도 다양한데, 올림픽 경기 전에 이야기를 나누었던 수영 국가대표팀이 놀라운 성과를 거두었던 것이 특히 기억에 남는다.

당시 수영 국가대표팀의 활약은 대단했다. 한 선수는 평영 100 미터와 200미터에서 금메달을 획득하면서 올림픽 2회 연속 2관왕에 오르는 동시에 세계 기록을 경신했고, 다른 수영 국가대표 선수들도 국내 기록과 개인 기록을 경신했다.

올림픽에서 얻은 메달은 혹독한 연습으로 쌓은 선수 개개인의 뛰어난 능력이 빛을 발한 결과다. 내가 한 일은 그들의 평소 기량을 최대한으로 끌어내고 고도의 집중력을 발휘하는 데에 도움이 되는 포인트를 뇌의 메커니즘을 바탕으로 알려준 것이다. 다시 말해, 포인트만 알면 올림픽처럼 극심한 긴장 상황에서도 흐트러지지 않는 집중력을 발휘하여 좋은 결과를 얻을 수 있다.

내가 이런 이야기를 하면, "타고난 능력이 있는 사람들이니까 그렇게까지 집중할 수 있는 거 아닌가요?", "저에게 그 정도로 엄청난 집중력은 없어요."라는 반응이 돌아오곤 한다. 독자 여러분들 중에도 그런 생각으로 지레 포기해왔던 사람이 있을 것이다. 그렇다면 '나는 안 될 거야'라는 마음부터 버리기 바란다. 그런 마음 자체가 집중력을 방해하기 때문이다.

　자세한 설명은 뒤에서 하겠지만, 뇌는 부정적인 마음이 들수록 의욕을 잃어버린다. '나한테는 무리야', '난 못해' 하고 생각한 순간, 실제로는 어렵지 않은 일도 정말 어려워지고 만다. 그것이 뇌의 메커니즘이다. 반대로, 뇌는 긍정적인 표현을 매우 좋아한다. '재밌어', '좋아, 해보자!' 하고 생각하면 그 순간부터 엄청난 잠재력이 솟아난다. 어떤 면에서 뇌는 매우 정직한 기관이다.

♦ 집중을 방해하는 나쁜 습관 덜어내기

　여기서 잠깐 자신의 경우를 생각해보자. 어떤 때에 집중이 안 되고, 금방 딴 생각을 하게 되며, 의욕이 사라지는가? 예를 들어 나는 이해가 되지 않지만 상사가 시킨 일이라 어쩔 수 없이 해야 할 때, 자신의 능력을 한참 벗어나는 어려운 일을 맡아서 '어떡하지, 큰일이네' 하는 걱정만 가득할 때. 그런 때에는 어떤 일이라도 전혀 즐겁지 않다. 마지못해 하거나 '잘 안 되면 어떡하지' 하는 불안감에 가득 차 있을수록 눈앞의 일에 집중하기 어려워진다. 여러분이 집중하지 못하는 이유는 바로 여기에 있다. 뇌에서 집중력을 발휘하는 것을 방해하는 장벽을 스스로 쌓고 있는 것이다.

올림픽 국가대표 선수들도 '지면 어떡하지', '실패하면 큰일이야', '이 정도로 만족하자'라고 생각한 순간 성적이 떨어졌다. 그런 마음은 집중력을 만들어내는 뇌의 메커니즘을 방해하기 때문이다. 예선에서 좋은 성적을 냈지만 본선에서는 원래 기량을 보여주지 못하는 선수들은 대체로 걱정들이 집중을 방해해서 실력을 발휘하지 못한 것이다.

이런 어리석은 일은 이제 그만하자. 뇌를 충분히 활용하고 원하는 때에 집중력을 끌어올리고 싶다면 그것을 막는 요인이 무엇인지 제대로 알고 뇌가 마음껏 능력을 펼치도록 도와주자. 구체적인 방법은 다음 장에서부터 알아볼 것이다.

매일 더 빨리 더 많은 성과를 요구받는 현대사회에서, 순간에 몰입하는 집중력은 잃어버렸던 내 시간을 되찾고 주도적인 삶을 살아가는 데에 더욱 중요해질 것이다. 그러니 '금방 산만해지는 습관을 고치고 싶다'거나 '지금보다는 집중력이 나아지면 좋겠다'는 바람에 그치지 말고, 시간을 절약하고 원하는 성과를 이끌어내는 아주 짧은 집중력 기르기를 목표로 삼기 바란다. 누구의 뇌에나 그럴 수 있는 힘이 잠재되어 있다. 여러분의 뇌도 예외는 아니다.

1장

집중력이라는
무기를 갖추기 위해

—

스스로 집중력을 방해하는
현대인들이 알아야 할 사실

할 수 없다고 생각하면
정말로 할 수 없게 된다

✦ 말하는 대로 이루어진다

'해야 할 일이 산더미인데 집중이 안 돼.'

'일단 시작만 하면 어떻게든 될 것 같았는데 하다 보면 금세 지루해져.'

'시험이 코앞인데 공부할 마음이 안 생겨.'

'중요한 회의인데 귀에 들어오지가 않아.'

공부가 되었든 일이 되었든 해야 할 일에 집중을 하지 못해서 힘들어하는 사람들이 많다. 다 나이가 들어서 그런 거라며 반쯤 포기한 심정인 사람도 있을 것이다. 하지만 이 기회를 빌려 분명히 말하건대, 나이가 들수록 집중력이 저하된다는 생각은 완전히 착각이다. 한 가지 일을 끝내는 데 예전보다 시간이 오래 걸리는 진짜 이유는 '하기 싫어', '이런 일을 해서 뭐해', '열심히 한들 누가 알아줄까?' 하는 마음이 한구석에 자리 잡고 있기 때문이다.

  집중력은 '기분'에 좌우된다. 인간은 '싫어', '재미없어', '힘들어' 하고 생각하는 일에는 도무지 집중할 수가 없다. 반대로 좋아하는 취미 생활이나 재밌다고 느끼는 일은 누가 시키지 않아도 몇 시간이고 질리지 않고 할 수 있다. 완전히 빠져들어서 시간이 가는 줄도 모르고 몰입한 경험은 누구에게나 있을 것이다. '몇 시간이고 계속할 수 있다'거나 '시간 가는 줄도 모르고 빠져 있었다'는 말은 모두 집중력이 최고치에 도달한 상태를 표현한다. 이런 상태에 빠지지 않았다면 애초부터 그 일에 재미를 느끼지 않았던 것이다. 그렇다고 해서 '역시 난 안 돼' 하고 자책할 필요는 없다. 일이든 공부든 한 가지에 몰입하기 어려운 것은 경쟁사회의 분위기도 한몫하기 때문이다.

◆ 시켜서 하는 일이라면, 이득과 손해만 따진다면

현대는 성과주의 사회다. 결과가 모든 것을 좌우하고 성과를 올리지 못하면 패배자로 낙인찍히는 사회 구조 속에서 기업과 개인 모두 '어떻게 하면 단기간에 최대한의 성과를 낼 것인가'의 관점으로 생각하는 것이 익숙하다. 쓸데없는 일을 최소화하고 손해 보는 일은 하지 않는다. 목표로 삼은 일을 최대한 효율적으로 진행한다. 이러한 태도가 당연해지면 어떤 일을 할지 말지를 결정할 때에 자연히 이득과 손해를 기준으로 삼게 된다.

어려운 회의 자료를 읽을 때, 프레젠테이션 자료를 작성할 때, 시험공부를 할 때, 중요한 안건을 정리할 때처럼 당장 눈앞에 정해진 목표가 있고 여기에 몰두해야 하는 순간에 '이렇게 귀찮은 일을 하고 있을 때가 아닌데', '더 효율적인 방법이 있을 것 같은데' 하는 딴생각부터 든다면, 집중력이 흩어지는 게 당연하다. 지금 불필요한 일을 하고 있다고 생각하는데 집중이 될 리가 없다.

회사 역시 모든 직원에게 목표 달성을 위한 최단 루트는 무엇이고 어떻게 해야 효율적으로 성과를 올릴 수 있을 것인지에 골몰한다. 그러니 '이런 방법을 시도해볼까?' 하는 아이디어가 떠올랐다가도 '쓸데없는 짓 하지 말고 하던 대로 하자'고 결정해버리는 것이 일상이다.

    상사가 부하 직원에게 이래라저래라 지시만 내리고, 알려준 대로 하지 않으면 화부터 내는 상황이라면 '시켜서 하는 일'만 늘어날 뿐이다. '하기 싫지만 해야 하는 일이다.' 그런 마음을 가지고 억지로 하는 일에 최선을 다해서 몰두하기란 불가능하다. 시켜서 하는 일에 집중력을 발휘하라니, 뇌의 입장에서도 말이 안 되는 이야기다.

"집중이 안 돼"라는 말은
변명일 뿐이다

✦ 재미없다=필요없다?

'나는 금방 싫증을 내는 성격이라서……'라며 고민하는 사람들
은 다음과 같은 패턴을 자주 겪는다.

- 일을 시작하고 나서 5분도 집중하지 못한다.
- 해야 할 일을 눈앞에 두고도 금방 딴생각에 빠지거나 다른
  일이 하고 싶어진다.
- 일이 좀처럼 진행되지 않는다.

이런 패턴이 생기는 이유는 앞에서도 말했듯이 하기 싫다고 생각한 일을 해야 하기 때문이다. 재미없다고 생각한 순간, 뇌는 생각하거나 기억하기를 멈춘다. 뇌는 매일 방대한 양의 정보를 받아들이기 때문에 '재미없어', '하기 싫어' 같은 필요 없는 정보를 삭제해서 저장 공간을 비워두는 것이다.

이렇게 뇌가 어떤 정보는 기억하고 어떤 정보는 버리는 것은 스스로를 보호하려는 뇌의 자기보존 본능이다. 하지만 우리는 자신의 머릿속에서 이러한 일이 일어나는지 알 수 없다. 단지 모든 과정은 무의식적으로 일어나고 '싫증'이라는 현상으로 나타나는 것이다.

'집중이 안 된다'고 말하면, 뇌는 그 말대로 작동한다. 사실, '나는 집중력이 부족해'라고 말하는 것도 따지고 보면 하기 싫은 일을 해야만 하는 상황에서 자신을 지키기 위한 자기보존 본능이 발동된 것이다. 뇌의 자기보존 본능은 자신을 위협하는 것을 무의식적으로 부정함으로써 스스로를 보호하려고 한다. 즉, 내키지 않는 일을 해야 할 때 '나는 원래 집중을 못해', '요즘 부쩍 집중력이 떨어지는 것 같아'라고 말하면서 그 일을 대충 하거나 미루는 자신을 합리화하는 것이다.

♦ 집중하지 못하는 함정에 빠지는 이유

우리에게 집중력을 만들어낼 힘은 있지만 하기 싫은 일에서 자신을 보호하기 위해 집중력이 발휘되지 않도록 막고 있었던 것이다. 이것은 무의식적으로 일어나는 작용이어서 우리는 '왜 이렇게 집중이 안 되는지 모르겠다'며 답답해한다. 스스로를 집중하지 못하게 하는 함정에 빠져 있는 것이다.

자신이 원하는 것을 내 것으로 만들기 위해 강인한 의지를 가지고 전력투구하는 것. 집중력이란 바로 그런 힘을 말한다. 집중력이 생기는 메커니즘을 생각하면, 이득과 손해를 따지고 최소비용 최대효과를 중시하는 성과주의 사회에서 집중력이란 가장 가지기 힘든 능력일지도 모른다. 그러니 맡은 일을 빠르게 끝마치고 내 시간을 갖기 위해 고민하는 것은 어떻게 보면 당연한 일이다.

스스로를 집중하지 못하게 하는 함정에서 빠져나가기 위한 답은 오직 하나뿐이다. 뇌가 어떻게 다양한 능력을 만들어내는지 알아내서 무의식적으로 집중력을 써먹을 수 있도록 뇌를 훈련시키는 것, 그 길밖에 없다. 다음 장에서는 본격적으로 우리에게 해야 할 일이 주어진 순간부터 머릿속에서는 어떤 일이 일어나는지, 그리고 우리가 목표에 끝까지 몰입할 수 있는 가장 간단하고 쉬운 방법을 소개하려 한다.

누구나 뇌를 130퍼센트 활용할 수 있다

◆ 머릿속에는 두 가지 길이 있다

뇌는 어떤 원리로 움직일까? 뇌로 들어온 정보는 어떤 루트에 따라 이동할까? 그 정보는 어떻게 사고력, 이해력 등을 발휘시킬까? 그리고 이 모든 지식을 어떻게 활용해야 집중력을 키울 수 있을까?

이러한 질문에 답하기 전에, 뇌가 기능하는 구조를 어떻게 밝혀냈는지부터 이야기해보겠다. 이후에 설명할 뇌의 메커니즘이

단순한 추론이 아니라 과학적인 근거가 바탕이 되었다는 사실을
분명히 하고 싶기 때문이다.

뇌에는 정보를 처리하는 루트가 두 가지 있다. 나는 뇌신경외
과 전문의로 응급의료센터에서 근무하던 때에 이 사실을 발견하
였다. 응급의료센터로 이송된 환자들은 동공이 확대되고, 혼수상
태에 빠져서 호흡 정지 직전의 중증 뇌손상을 입은 사람들이 대
부분이었다. 온 힘을 다했지만 살리지 못하는 환자도 있게 마련
이었다.

'어떻게든 살리고 싶다', '한 사람이라도 더 살리려면 어떻게 해
야 할까?' 하는 간절한 마음으로, 나는 사망한 환자들의 뇌내온도
가 40도 이상이었다는 점에 주목했다. 그리고 6년에 걸쳐 개발한
것이 '뇌저온치료'였다. 구체적인 치료법은 생략하겠지만, 뇌저
온치료 덕분에 중증 뇌손상으로 목숨이 위태로웠던 환자를 많이
살릴 수 있었고 사회에 복귀하는 사람도 늘어갔다.

그러던 중에 일상생활이 가능할 정도로 회복한 환자들에게서
놀라운 이야기를 듣게 되었다. 혼수상태에 빠졌을 때 내가 부르

는 소리를 들었다는 것이다. 몸을 움직일 수 없어서 반응하지 못했을 뿐, 내가 하는 이야기가 들렸다고 했다. 그때까지의 의학 지식으로는 이해할 수 없는 일이었다. 게다가 그런 이야기를 하는 환자가 한두 명이 아니었다. 어떻게 그런 일이 일어날 수 있는지 그때부터 뇌의 메커니즘을 연구하기 시작했다.

내가 세운 가설은, 인간의 의식은 외부의 자극에 반응하는 외의식과 외부의 자극을 차단하고 정보를 처리하는 내의식으로 나뉘며 각각 들어온 정보를 처리하는 루트가 따로 있다는 것이다. 그 생각을 출발점으로 수많은 환자들의 증상과 검사 결과를 대조하고 고찰과 검증을 긴 시간 반복한 끝에, 우리가 듣고 보고 말하고 느끼는 감각을 뇌에서 어떤 메커니즘으로 다루는지 밝혀낼 수 있었다.

♦ 사고, 감정, 기억을 다루는 '다이내믹 센터 코어'

실제로 머릿속에서는 어떤 일이 일어나고 있을까? 외부의 정보는 오감, 그중에서도 시각과 청각을 통하여 뇌로 들어온다. 그 정보를 최초로 받아들이는 곳이 뇌 표면에 펼쳐져 있는 대뇌피질 신경세포다. 여기에는 언어중추, 시각중추, 공간인지중추 등 여러 중추가 있다. 우리가 느낀 감각은 이곳에서 정보로 인식된 후에 전전두엽으로 바로 보내지거나 뇌 깊숙한 곳에 위치한 A10 신경군을 거쳐서 전전두엽으로 보내진다.

전전두엽은 대상을 이해하고 판단하는 곳이다. '이것은 기억해야 하는 정보인가', '이미 저장되어 있는 기억과 차이점은 무엇이고 얼마나 다른가' 등 이해력, 판단력, 기억력으로 이어지는 작업을 담당한다. 이렇게 전전두엽으로 가는 두 가지 길 중에서 A10 신경군을 통과하는 루트가 집중력과 관련이 있다.

나는 이 정보 루트를 '다이내믹 센터 코어'라고 이름 지었다. 왜냐하면 깊이 생각하고 새로운 것을 창조해내는 인간 고유의 작업이 이루어지는 장소이기 때문이다. 다이내믹 센터 코어는 A10 신경군, 전전두엽, 자기보상신경군 등 각자 다른 역할을 하는 부분들이 연합해서 생각, 기분, 마음, 신념 같은 것들을 생성해낸다. 다이내믹 센터 코어야말로 인간을 인간답게 만든다.

A10 신경군을 지나는 정보 처리 루트에 대하여 계속해서 알아
보자. 앞서, 대뇌피질 신경세포에서 인식한 정보는 A10 신경군으
로 전달된다고 했는데, 이곳의 가장 중요한 역할은 정보에 감정
의 라벨을 붙이는 것이다. 불안과 공포를 감지하는 편도체, 좋고
싫음을 결정하는 측좌핵, 감정을 느끼는 꼬리핵 등이 머릿속으로
들어온 정보에 '좋다, 재미있다, 흥미롭다' 같은 긍정적인 라벨이
나 '싫다, 재미없다, 지루하다' 같은 부정적인 라벨을 붙인다. 즉
감정이나 기분을 만드는 곳이 A10 신경군이다.

감정 라벨이 붙은 정보는 전전두엽으로 보내져 얼마나 필요하
고 중요한 정보인지 판별된다. '싫다, 재미없다' 같은 부정적인 라
벨이 붙은 정보는 잊어버려도 상관없는 정보로 분류되어 단기기
억 상태를 거쳐서 3~4일 후에는 삭제된다. 가령, 4일 전에 점심
으로 무엇을 먹었는지 금방 떠오르지 않는 것은 일상적이고 특별
할 것 없는 식사였으므로 기억할 필요가 없는 정보로 분류되었기
때문이다.

한편, '좋다, 재미있다' 같은 긍정적인 라벨이 붙은 정보는 잊어

버려서는 안 되는 꼭 필요한 정보로 인식되어 자기보상신경군으로 보내진다. 자기보상신경군은 도파민 신경군의 한 부분인데 보상이 주어지면 힘을 내는 특성이 있다. 이때 보상이 되는 것은 자신이 해야겠다고 마음먹은 것을 끝까지 해냈을 때 느끼는 기쁨과 쾌감이다. '좋다, 재미있다'라는 라벨이 붙은 정보는 자기보상신경군을 자극하여 의욕을 높이고 내 힘으로 해내고 싶다는 마음을 키운다. 이때 생각을 실제 행동으로 옮기면 또 즐거움과 성취감이 더해지므로 더욱더 '계속 해보자', '끝까지 해내자'는 의지를 북돋운다.

이렇게 정보에 긍정적인 경험이 늘어날수록 뇌에 오랫동안 남는다. 이것이 뇌가 기능하는 메커니즘이다. 정리하자면, 정보는 뇌에서 '대뇌피질 신경세포 → A10 신경군 → 전전두엽 → 자기보상신경군 → 변연계'의 순서로 이동하는데, 이때 다이내믹 센터 코어를 따라서도 계속 움직인다. 그 과정을 통해 사고가 깊어지고 정보는 기억으로 자리를 잡는다.

이러한 시스템을 이해하고 뇌를 단련한다면 '평범한 뇌'도 짧은 순간 집중력으로 속전속결 올바른 판단을 내리는 '똑똑한 뇌'

로 성장할 수 있다. 어떤 연구에 따르면, 인간은 뇌를 최대 130퍼센트까지 활용할 수 있다고 한다. '나는 아직 90퍼센트, 아니 60퍼센트도 사용하지 못하는 것 같은데'라는 생각이 들더라도 자신의 뇌를 믿고 잠재력을 발휘할 수 있도록 갈고 닦는다면 누구나 원하는 만큼 충분히 개발할 수 있다.

역대 최다 우승, 최연소 데뷔 등 신기록을 세우는 선수들이나 수많은 올림픽 메달리스트들처럼 필요한 순간에 최고의 실력을 발휘하는 것은 더 이상 특별한 재능이 있는 사람만 할 수 있는 일이 아니다. 다이내믹 센터 코어를 자극하는 방법만 터득하면 집중력뿐만 아니라 사고력, 기억력, 이해력, 판단력, 통찰력같이 비즈니스나 학업에 필요한 능력을 키울 수 있다. 이것은 이득과 손해만 따지면서 요령을 부리는 '똑똑함'과는 차원이 다른, 진정한 의미의 '현명함'을 얻는 길이다.

단숨에 그리고 동시에
집중력을 깨워라

✱

♦ '해내고 말겠다'는 주문을 걸어라

그렇다면 집중력은 어디에서 생기는 것일까? 이것 역시 뇌가 움직이는 메커니즘을 통하여 알 수 있다. 응급의료센터에서 일하던 때에, 일상으로 복귀한 지 한 달 정도 된 환자에게서 "생각이 정리되지 않고 의욕도 안 생기고 집중을 할 수가 없어요."라는 푸념을 들은 것이 시작이었다. 그 후에 다른 환자들에게서도 비슷한 증상이 나타났다. 원인을 찾기 위해 CT 촬영을 해서 결과를 비교해보았다. 그때 그들의 뇌에서 공통적으로 어두운 부분을 발견할 수 있었다.

정확하게 말하자면, 집중력이 떨어져서 고민하는 환자들의 자기보상신경군에서는 검은 점이 많이 나타났다. 뇌를 촬영했을 때 보이는 검은 점은 그곳이 기능하지 않는다는 뜻이다. 즉 자기보상신경군이 제대로 기능하지 않으면 집중력이나 의욕이 생기지 않는다는 것을 알 수 있었다. 집중력은 자기보상신경군에서 만들어진다는 사실이 분명해진 것이다.

이를 바탕으로 생각해보면 왜 상사가 시키는 대로 따라야 할 때 집중력이 생기지 않는지도 이해할 수 있다. 자신이 하고 싶어서 하는 일이 아니므로 뿌듯함도 보람도 얻을 수 없기 때문이다. 반대로 자신이 아이디어를 내고 기획한 일을 끝까지 해냈을 때에 더 좋은 성과로 이어지는 이유도 과학적으로 증명할 수 있다. 성취감이라는 보상이 생기면 자기보상신경군이 활발하게 작동해서 집중도와 의욕이 높아졌기 때문이다.

회사를 설립하고 경영에 직접 참여하고 있는 CEO들에게는 시대의 흐름을 읽고 경영을 안정적으로 유지하는 것이 그들의 사명이므로 언제나 정신을 바짝 차리고 어떤 결과를 불러올지 알 수 없는 매 안건에 집중해야 한다. 그래서 평소에도 집중력을 키울 수 있는 환경이 조성되어 있는 것이 성공 요인 중 하나일 것이다. 거기다 '끝까지 해내자', '해내고 만다' 같은 강한 의지를 불태우는 것도 꿈을 현실로 바꾸는 데에 영향을 줄 수 있다.

반면, 무기력한 사람들은 지시받은 일을 처리하는 것에만 급급하다. 조직의 방침이나 상사의 지시에 거스르지 않는 것을 최우선으로 한다. 그처럼 해도 그만, 못 해도 그만인 환경에서는 '해내고 말겠다'는 의지가 쉽게 생기지 않는다. 그러니 업무에 집중하기 어려운 것이다.

◆ 인생을 주도할 때 본능은 강해진다

앞에서 자기보상신경군에는 인정을 받고 싶어하는 자아 본능이 있기 때문에 집중력을 키우기 위해서는 자존감을 높일 수 있게 '내 힘으로 해내겠다'는 의지를 가지는 것이 중요하다고 강조했다.

본능이란 생물이 자신의 생명을 유지하기 위해 갖추고 있는 근원적인 욕구다. 그리고 뇌는 기능과 본능, 마음의 삼위일체로 움직이는 기관이다. 따라서 잠들어 있는 뇌를 깨우고 싶다면 뇌의 본능에 대한 이해가 우선되어야 한다.

자아 본능과 자기보상신경군이 관련되어 있는 것처럼, 뇌의 본능도 뇌의 각 기능과 연관되어 있다. 싫다고 생각하는 순간 뇌의 움직임을 멈추는 자기보존 본능은 정보를 분류하는 A10 신경군의 기반이 된다. 대상을 이해하고 판단하는 전전두엽은 내 기억과 경험에 따라 익숙한 것을 선호하는 통일성·일관성 본능을 기반으로 한다. 뇌의 여러 기능이 함께 고도의 움직임을 만들어내는 다이내믹 센터 코어는 차이를 인정하고 함께 생존하려고 하는 공생 본능과 연관되어 있다. 이러한 자아 본능, 자기보존 본능, 통일성·일관성 본능, 공생 본능은 뇌 기능을 보호하기 위해 만들어낸 본능이다.

뇌세포의 생존을 위하여 타고난 본능도 있다. 바로 생존 본능, 학습 본능, 관계 본능, 소통 본능이다. 이 네 가지 본능은 인간이 생명을 유지하기 위하여 선천적으로 가지고 태어난다. 따라서 의식적으로 통제하거나 없앨 수 없다. 이와 다르게 뇌 조직의 네 가지 본능은 환경이나 마음가짐에 따라서 바꿀 수 있다. 의지만 있다면 자신의 힘으로 단련하는 것도 가능하다.

집중력은 인정받고 싶어하는 자아 본능이 충족될 때 만들어지는 능력이다. 따라서 집중력을 키우려면 주체적으로 행동하여 보람을 느끼고 자존감을 높여야 한다. 그래서 평소에 '이번에는 꼭 내 아이디어를 통과시켜야지', '이렇게 해보면 어떨까?' 하는 주도적인 태도가 중요하다.

하지만 그것만으로 충분하지 않다. '해내겠다'는 마음을 먹기 위해서는 그 일을 진심으로 재미있어하고 좋아해야 한다. 즉 머릿속으로 정보가 처음 유입되었을 때 우선 이 정보에 긍정적인 라벨을 붙여야 한다.

그리고 한 가지 일에만 집중하고, 긴장되는 상태에서도 정신이 흐트러지지 않으며, 무엇에 집중해야 하는지를 순간적으로 판단하는 기능은 전전두엽이 관장하는데, 그 기능이 제대로 작동하려면 익숙하고 편한 것을 선호하는 통일성·일관성 본능을 평소부터 단련해두어야 한다. 결국, 뇌의 본능과 기능이 모두 제때 제 역할을 해주어야 집중력을 키울 수 있다.

♦ 한꺼번에 뇌를 깨우는 힘

　여기까지 읽은 독자들은 뇌 기능을 제대로 활용한다면 집중력을 포함하여 여러 능력을 개발할 수 있다는 사실을 알게 되었을 것이다. 지금부터는 일상생활의 질을 높이는 데 꼭 필요한 또 하나의 훌륭한 뇌의 메커니즘을 소개하겠다.

　우리는 어떻게 뇌 속에 존재하는 다양한 중추를 한꺼번에 작동시키는 것일까? 예를 들어, 어떤 일에 몰두해 있을 때, 우리는 집중하는 동시에 글자를 쓰거나 그림을 그리거나 운동을 하거나 상상하면서 책을 읽거나 떠오르는 생각을 정리한다. 이러한 일련의 동작은 너무나도 자연스럽게 맞물려 일어나는데, 실제로는 머릿속의 수많은 중추가 복잡하게 얽혀서 동시에 작동하고 있는 상태다. 이렇게 복잡한 일이 일어날 수 있는 것은 뇌의 여러 중추를 동시에 활성화시킬 수 있는 메커니즘이 존재하기 때문이다. 이를 '동시발화'라고 한다.

동시발화는 뇌세포들이 짧은 순간에 서로 정보를 주고받는 메커니즘이다. 텔레비전이나 컴퓨터가 전원이 꺼져 있을 때에도 예비 전력을 사용하여 대기상태를 유지하는 것처럼, 우리가 편안하고 긴장이 풀린 상황에서도 뇌세포는 자연적으로 아주 미세하게 움직이고 있다. 그 상태에서 정보가 들어오면 뇌세포에서 뇌세포로 흥분 반응이 빠르게 확산된다. 즉 일제히 발화되어 눈 깜짝할 사이에 정보를 전달하는 것이다.

동시발화 현상의 이해를 돕기 위해 한 가지 실험을 소개하겠다. 이 실험의 참가자들은 "버튼을 눌러주세요."라는 메시지를 들으면 버튼을 누르라는 지시를 받았다. 이 실험의 목표는 메시지를 받은 시간과 버튼을 누른 시간을 기록하여 둘 사이의 관계를 살펴보는 것이었다. 같은 동작을 여러 번 반복한 후에 "더 열심히 버튼을 눌러주세요."라고 메시지를 바꾸자 버튼을 누르는 타이밍이 빨라졌다.

실험 참가자는 자신이 메시지를 듣고 버튼을 누른다고 생각했지만, 버튼을 누르는 타이밍은 점점 앞당겨졌다. 마지막에는 '버튼을'까지만 듣고도 버튼을 눌렀다. 이는 뇌에서 동시발화가 일

어나 순간적으로 버튼을 누르는 데 동원되는 뇌 기능들이 강해졌
기 때문이다.

이 실험에서 알 수 있듯이 어떤 행동을 집중하여 반복할 때 뇌
의 동시발화는 더욱 강하게 일어난다. 운동선수들의 천재적인 실
력도 동시발화로 설명할 수 있다. 평소에 잘 짜인 프로그램으로
셀 수 없이 많은 연습을 하고, 뛰어난 선수들끼리 서로 경쟁하는
경험을 쌓아서 좌뇌로 생각한 이론을 우뇌로 이미지화하는, 좌뇌
·우뇌를 동시에 발화시키는 힘을 단련한 것이다.

동시발화는 일방적으로 정보를 받기만 하는 것이 아니라 정보
를 전달받은 세포가 정보를 보내준 세포에게 피드백을 보낸다는
특성도 있다. A10 신경군에서 긍정적인 라벨이 붙은 정보는 다
이내믹 센터 코어의 뇌세포들에게 빠르게 퍼져서 정보를 보내준
대뇌피질에 피드백을 보냄으로써 대뇌피질의 수많은 중추를 자
극한다. 이러한 동시발화 메커니즘을 통해서 인간은 뇌에 들어온
정보를 하나로 모으고 더 높은 성과를 낼 수 있도록 여러 기능을
함께 사용한다. 인간의 뇌는 빈틈없이 맞물려 돌아가는 완벽한
기관이다.

집중력을 발휘한다는 것은 지금보다 같은 일에 들이는 시간을 줄이고 짧은 시간에 단숨에 성과를 얻는다는 의미다. 그러려면 집중을 담당하는 뇌 기능과 함께 운동중추나 언어중추 같은 다른 기능으로도 매끄럽게 연결할 수 있어야 한다. 집중력을 키워서 차일피일 미루기만 했던 일들을 단박에 끝마치고 싶은가? 그렇다면 뇌의 모든 기능의 스위치를 켜는 동시발화 메커니즘을 꼭 기억하기 바란다.

나이가 들수록
집중력이 떨어진다는 오해

◆ 이제 나이 탓은 그만하자

나이가 들수록 젊었을 때보다 머리가 나빠지는 것 같아서 걱정이라는 사람들이 있다. 물론 뇌세포의 수는 나이를 먹을수록 줄어든다. 그런 노화 자체를 막을 수는 없다. 하지만 뇌의 능력은 세포의 숫자보다 뇌를 어떻게 사용하는지에 달려 있다.

100세가 넘는 고령에도 현역으로 활동했던 의사가 있다. 그는 본업인 의학 외에도 다양한 분야에서 강연자로 활약했다. 강연에서는 배경 지식이 적은 사람들에게 전문적인 내용을 쉽게 전달하기 위해 청중에게 알맞은 강연 주제를 선정하고 짜임새 있게 이야기를 구성해야 한다. 또한 강연 현장에서는 청중의 반응을 살피면서 긴장하지 않고 이야기를 이어가야 한다. 이는 순간순간마다 활발한 뇌 활동이 뒷받침되어야 하는 작업이다. 고령에도 활동을 이어가는 강연자들을 떠올려보면 나이나 뇌세포의 수가 능력을 좌우하지는 않는다는 사실은 충분히 증명된다.

만약 뇌 기능이 예전보다 떨어진 것 같다면, 그것은 뇌를 작동시키는 방법에 문제가 발생한 것이다. 집중력이 떨어지는 가장 큰 이유는 집중에 최적화된 뇌 활용법을 모르고 있기 때문이다. 또한 자신도 모르는 새에 집중을 방해하는 습관을 오랫동안 지속해왔을 수 있다.

비즈니스의 세계는 냉정하게 이익과 손해로 나뉜다. 그런 곳에서 오랫동안 살아남은 사람은 어떤 일이든 무엇이 이익이고 무엇이 손해인지 따지며 살아왔을 것이다. 그러한 사고방식에 익숙해지면 집중하기 어려운 뇌가 될 수밖에 없다.

다시 말하지만 나이를 먹으면서 뇌세포가 줄어들었기 때문에 집중력이 떨어지는 것이 아니다. 따라서 '난 이제 나이가 많으니까'라며 집중력 기르기를 지레 포기할 필요도 없다. 부정적인 생각 역시 더욱 집중력을 떨어뜨리는 요인일 뿐이다.

♦ 작심 '3일'인 이유

집중력과 마찬가지로 '나이가 드니까 기억력도 예전 같지 않다'며 한탄하는 사람들이 있다. 애초에 뇌는 잊어버리는 메커니즘을 중요시하는 기관이다. 정보를 취사선택하여 잊어버림으로써 머릿속 용량을 조율하기 때문이다. 만약 잊어버리는 기능이 없다면 뇌에는 엄청난 양의 정보가 쌓여서 본래의 기능을 하지 못하고 과부하가 생길 것이다.

한편, 뇌가 버려도 되는 정보라고 판별하는 기한은 3일이다. 여기서 '작심삼일'이라는 말이 생겼다. 3일이 지나도록 사용되지 않은 정보는 삭제된다. 따라서 만약 기억해둔 것을 잊어버리고 싶지 않다면 3일 안에 복습해야 한다.

물론 뇌에는 기억하는 메커니즘도 있다. 기억력이 작동하는지 하지 않는지는 그것에 얼마나 집중했는지에 따라서 결정된다. 온전히 몰입했던 일일수록 기억에 남는다는 사실은 여러분도 경험을 통해 익히 알고 있을 것이다. 그러니 집중력을 키우면 기억력도 함께 기를 수 있다.

다만, 집중하기 위해서는 앞에서 말한 것처럼 하고 있는 일을 좋아하고 재미있어해야 한다는 것이 가장 어려운 부분이다. 자격증을 따기 위해, 영어를 잘하기 위해, 승진 시험에 합격하기 위해 공부를 할 때 아무리 반복해서 읽어도 기억에 남지 않고 복습을 해도 잊어버리기 십상이라면, 나이를 탓할 것이 아니라 공부할 때의 기분과 분위기를 조절해야 한다. 어제 공부한 것도 금세 까먹어버려 고민이라면, 나는 그 일을 얼마나 즐거운 마음으로 하고 있는지부터 돌아보기 바란다. 아무리 중요한 일이라도 '하라고 하니까', '도움이 되니까' 같은 마음으로 억지로 하고 있다면 시간도 오래 걸리고 기억력도 떨어진다. 기억하는 힘 또한 주체적으로 일하고 있다는 마음을 통해 키울 수 있는 것이다.

만약 당장 기억력을 높이고 싶다면 진행상황을 체크하는 방법을 추천한다. 달성해야 할 목표를 세부적으로 정하고 매일 얼마나 진행했는지 확인하자. 스스로에게 느끼는 성취감이 쌓일수록 집중력과 기억력을 함께 끌어올릴 수 있다.

집중력을 떨어뜨리는
나쁜 습관

◆ 끝날 때까지는 끝난 게 아니다

집중력이 부족하다고 고민하는 사람들은 머리가 나쁜 것도 아니고 뇌세포의 기능이 떨어진 것도 아니다. 오히려 순간적으로 이익과 손해를 구분하고 쓸모없는 것은 배제하는 '똑똑함'이 다른 한편에서는 집중력이 발휘되지 못하게 작용했기 때문이다. 이런 똑똑함이 계속 부정적으로 작용한다면 어떻게 될까? 아마 어떤 것에도 집중하지 못하는 상태가 지속될 것이다.

무의식적으로 집중력을 떨어뜨리는 가장 강력한 요인은 부정적인 기분과 표현이다. 그뿐 아니라 보상을 미리 받는 것도 집중력에 영향을 미친다. 앞서, 집중력을 키우려면 뇌에 보상을 주어야 한다고 했는데, 아래와 같은 경우에는 보상이 독이 되기도 한다.

프로골프 경기에서 평소라면 상위권 가까이에도 들지 못하던 선수가 경기 초반부터 호조를 보이며 선두를 달린다. 그러다 경기 후반에 득점판이 보이는 홀에서부터 갑자기 컨디션이 무너지면서 하위권으로 떨어지는 경우가 있다. 또한 1위를 지키던 선수가 득점판을 보자마자 더블 보기[1]를 치고, 2위를 하던 선수가 버디[2]를 잡으면서 역전하기도 한다. 누군가의 컨디션이 무너지는 순간, 또 다른 누군가는 기세를 끌어올려서 승패가 바뀐다.

이러한 역전극이 일어나는 것도 뇌과학으로 명쾌하게 설명할 수 있다. 득점판을 보고 자신이 선두라는 사실을 확인한 순간, '나머지 세 홀만 잘하면 우승이야'라거나 '여기서 실수하면 큰일이야' 같은 생각을 하게 된다면 그때까지 유지해온 집중력이 무의

---

1 해당 홀의 기준 타수보다 2타 많은 타수로 공을 홀에 넣는 것
2 해당 홀의 기준 타수보다 1타 적은 타수로 공을 홀에 넣는 것

식적으로 흐트러지고 만다. 그런 선수들에게는 뇌에 닿은 섣부른 보상이 독으로 변해버린 것이다.

어떤 상황에서도 흔들림 없이 짧은 순간의 집중력을 내 마음대로 끌어올릴 수 있는 프로선수가 되면 스스로 컨디션을 무너뜨려서 역전패를 당하는 일은 거의 없다. 치열한 승부의 세계에서는 잠시라도 방심하면 승패가 달라질 수 있으므로 마지막 홀에 공을 넣을 때까지 절대로 긴장의 끈을 놓지 않기 때문이다. 이런 선수들은 자신이 뒤처지고 있을 때에도 '이번 홀에서 반드시 버디를 잡아서 선두로 치고 나가야지', '나는 지지 않아'라는 강인한 마음으로 경기에 임한다.

어느 정도 결과가 눈에 보이기 시작할 때 어떻게 대응하는지에 따라서 집중력의 수준이 달라진다. 선두를 달리고 있더라도 끝까지 긴장을 풀지 않는다면 승산이 높아지지만 방심하거나 실패를 두려워하는 순간 정신은 흐트러진다. 쉽게 집중력이 떨어지는 사람과 마지막까지 긴장을 늦추지 않는 사람은 집중력이 기분에 좌우된다는 것을 이해하고 있는가에 따라서 결정된다. 집중력을 유지하지 못하는 대부분의 사람은 자기도 모르게 스스로 집중할 수 없는 상황을 만들어서 자신의 발목을 잡고 있는 경우가 많다.

♦ 집중한 척 자신을 속이지 마라

  그렇다면 왜 집중력은 무의식적으로 떨어지는 것일까? 그리고
왜 우리는 그것을 알아채지 못할까? 이 또한 뇌의 본능과 관련이
있다. 뇌의 모든 본능은 생존을 위해 반드시 필요하지만 지나치
면 역효과를 낳기도 한다.

  우리에게는 네 가지 선천적인 본능인 생존 본능, 학습 본능, 관
계 본능, 소통 본능이 있다. 자신을 보호하는 자기보존 본능은 그
중 생존 본능에 속한다. 살아남기 위하여 자신을 지키고자 하는
본능이므로 없어서는 안 될 중요한 본능이다. 하지만 과도하게
자극을 받으면, 하지 않아도 될 이유를 어떻게든 찾아내거나, 상
대방을 자신에게 유리하게 다루려고 하거나, 해야 할 일에 진지
하게 임하지 않는 등 잘못된 반응으로 나타난다.

  '너무 어려워서 못하겠어', '상대가 너무 잘해', '오늘은 하고 싶
은 마음이 안 생겨', '물어봐도 소용없을걸', '말하는 게 마음에 안

들어', '그 사람은 원래부터 싫었어' 등등 그럴듯한 이유를 붙여서 해야 할 일을 하지 않는 자신을 합리화하고 보호하는 것이다. 이렇게 부정적인 기분이 주도권을 잡으면, 긍정적인 기분을 먹고 자라는 집중력은 생기지 않는다. 겉으로는 집중하는 것처럼 보여도 실제로는 집중하지 못하고 있는 경우가 많다. 그건 자기 자신이 가장 잘 알 것이다.

한편, 통일성·일관성 본능도 잘못 작동될 때가 있다. 이는 옳고 그름을 판단하고, 균형이 잡혀 있거나 익숙한 것을 선호하는 본능이다. 이러한 본능 덕분에 인간은 실수를 저지르지 않고, 같은 행동을 반복하여 실력을 키울 수 있으며, 중요한 순간에 올바른 결정을 내릴 수 있다.

반대로 평소와 다른 환경에 놓이거나 늘 사용하던 도구가 없으면 집중을 못하고, 자신과 다른 생각이나 의견을 받아들이지 못할 때가 있다. 익숙하지 않은 것을 거부하는 것도 통일성·일관성 본능이 작용한 결과다.

◆ 다른 사람의 의견에 휩쓸리지 말 것

사람은 통일성·일관성 본능 때문에 많은 사람들이 옳다고 하는 쪽이 맞다고 생각하는 '동조의 함정'에 빠질 수 있다. 9·11 테러 직후, 미국에서는 '당한 만큼 돌려주자', '다시 공격해오기 전에 단죄하자'는 목소리가 높아졌다. 보복성 공격은 신중하게 결정해야 한다는 반대의견도 강력했으나, 결국 이라크전쟁이 일어나고 말았다. 이 또한 '보복은 절대로 올바른 선택이 아니다'라는 반대의견을 가진 사람들이 다수의 의견에 맞추려고 하는 통일성·일관성 본능에 따라서 '보복성 공격은 어쩔 수 없는 선택이다', '이제는 어쩔 수 없다'고 생각을 바꾸었기 때문이다.

이렇게 극단적인 사건이 아니더라도, 우리는 일상에서 자주 비슷한 경험을 겪는다. 처음에는 '내 생각은 달라', '그건 좀 이상해'라고 생각하던 것도 매일 아침 조회에서 반복하여 듣거나 많은 사람이 반대하지 않는 분위기라면 어느새 자신도 잠자코 따르게 된다.

예를 들어, 직원들에게 의사결정권을 주는 비교적 자유로운 회사에서 주체적으로 일하던 사람도 위계질서가 강하고 직원들을 엄격하게 관리하는 회사로 이직을 하게 되면 주변의 영향을 받아 회사 내 분위기에 동화된다.

이는 다수의 의견에 맞추려고 하는 통일성·일관성 본능이 잘못 작용하여 집중력을 떨어뜨린 결과다. '많은 사람들의 의견에 따르자'라고 생각하면, 집중력을 비롯해서 사고력, 이해력 등 뇌의 다양한 능력은 사용할 필요가 없어진다. 이러한 상황은 우리 주변에서 자주 목격할 수 있다.

따라서 자기보존 본능이나 통일성·일관성 본능에 사로잡히지 않도록 주의하는 것도 집중력을 키우는 데 중요한 요소다. 그러기 위해서는 어떤 상황에서도 주위 사람들에게 휩쓸리지 않고 목표를 향해 단숨에 나아갈 수 있도록 평소에 단련해야 한다. 그렇지 않으면 우리는 쉽게 몸과 마음이 편한 쪽으로 결정하고서 정당화해버리기 때문이다.

부담감이 큰 상황에서도 본래의 실력을 후회 없이 발휘하고, 실전에서도 떨지 않으며, 큰 프로젝트를 단번에 성공시키고, 누구나 인정하는 참신한 아이디어를 내려면 무엇보다 집중력이 필요하다. 집중력의 수준이 높을수록 돌아오는 결실은 클 것이다. 노력한 만큼의 성과를 얻기 위해서는 집중력이라는 뇌의 재능을 갈고닦으면서 뇌 전체에 불을 켜야 한다.

2장

결국 해내는 사람은
집중력이 다르다

—

집중력의 기본기를
키우는 절대 습관

집중력은
'좋아하는 힘'에서 시작된다

♦ '좋아', '재미있어'가 모든 것의 출발점

1장에서는 머릿속으로 들어온 정보가 이동하는 과정과 집중력이란 무엇이며 뇌의 어느 부분에서 만들어지는지 기본적인 메커니즘을 설명했다. 그리고 집중력을 키우려면 평소에 언제 어디서나 집중하기에 유리한 마음가짐을 가져야 한다고 강조했다. 이어서 이 장에서는 근본적인 자질을 키우기 위해 일상에서 쉽고 간단하게 실천할 수 있는 집중 습관들을 소개하겠다.

우리의 두뇌는 기분과 하나가 될 때 폭발적인 효과를 일으킨다. 바꿔 말하면, 긍정적인 기분이 뇌 구석구석으로 퍼져 다양한 기능을 작동시킨다. 재미있다고 생각하는 일일수록 '내 힘으로 하고 싶어', '해내고 말겠어'라는 마음이 강해진다. 그 일을 충분히 이해하거나 깊이 생각할수록 뇌 전체의 역량이 점점 개발되는 것이 뇌의 메커니즘이다.

앞에서 설명했듯이, 집중력은 스스로 자존감을 높이고 의지를 불태우면 자기보상신경군이 활성화되어 만들어진다. 그리고 그 효과를 더 끌어오기 위해서는 정보에 긍정적인 라벨을 붙이는 단계가 선행되어야 한다. 즉 집중력의 원천은 얼마나 많은 정보에 긍정적인 인상을 갖는가에 있다.

누가 시키지 않아도 처음부터 재미있게 느껴지는 일에는 시간이 가는 줄 모르고, 그렇게 되어야 머리가 트이는 선순환이 일어난다. 반대로, 재미없다고 생각한 일에는 좀처럼 집중하기가 어려우며, 집중이 안 되니 이해가 깊어지지도 않고, 이해하지 못하니 더욱 흥미를 잃는다. 아주 좁은 사고에 갇히는 악순환에 빠지고 마는 것이다. 따라서 집중력을 키우기 위해 가장 먼저 해야 할 일은 분명하다. 바로 싫어하는 일이라도 좋아하려는 노력, 재미 없는 일이라도 재미있다고 생각하는 자기최면을 거는 것이다.

'이런 건 재미없어', '나랑 안 맞아', '저 사람이 시키는 일은 하기 싫어', '저 선생님은 평판이 안 좋아'. 이런 생각이 한번 들기 시작하면 우리의 두뇌는 그 대상과 조금이라도 관련된 모든 정보에 부정적인 라벨을 붙여버린다. 그러니 아무리 싫어하는 대상이라도 어느 한 구석이나마 좋아하는 부분을 찾는 것이 집중력을 향상시키기 위하여 자신을 단련하는 첫걸음이다. 이런 태도를 직장이나 학교뿐만 아니라 일상에서도 언제나 의식적으로 실천하도록 하자. 아직 어떤 판단을 내리기 전이라면 먼저 재미있겠다고 생각하는 습관을 들이는 것이다.

♦ 잘하는 일은 좋아하게 된다

'맞는 말이긴 하지. 근데 싫은 걸 억지로 좋아하는 게 그렇게 마음먹은 대로 되는 일은 아니잖아.' 이런 생각이 드는 사람도 있을 것이다. 특히 우리는 하고 싶은 일보다 해야만 하는 일을 할 때가 더 많다. 그런 일에 긍정적인 마음을 가지는 게 어렵다는 점은 공감한다. 하지만 '난 그런 일에 약해', '못할 것 같은데' 같은 생각이 드는 일일지라도, '이런 부분은 재미있을 것 같은데', '최대한 빨리 해결하자', '합리적으로 진행하자', '센스 있게 처리하자'처럼 집중할 부분을 스스로 찾아내서 가뿐한 마음으로 몰두하는 법을 연구해볼 수는 있다. 이러한 마음가짐으로 노력하다 보면 진심으로 나름의 재미를 느끼는 순간이 찾아올 것이다.

아무래도 좋아하기 어려운 일이라면 전문성으로 관점을 바꿔보자. '이 작업에서는 누구에게도 지지 않을 만큼 전문가가 되자', '이 분야에서는 어떤 문제도 해결할 수 있는 사람이 되자'는 목표를 정하고 그것을 이루기 위해 노력하는 것도 집중력을 키우는 데 도움이 된다. 그러한 태도로 몰두하면 어떤 분야에서든 반드시 실력은 향상된다. 못할 때보다 잘할 때 일은 재밌어지고, 그 분야에서 칭찬받고 인정받는 사람은 그 일이 좋아질 수밖에 없다. 좋아하기 어려운 일을 좋아하기 위해서는 의식적으로 마음을 고쳐먹어야 한다는 점을 기억하기 바란다.

두뇌에 조금이라도 관심이 있는 사람이라면 '도파민'이라는 단어를 한 번쯤은 들어보았을 것이다. 일반적으로 성격이 밝고 긍정적인 사람은 의욕 물질이라 불리는 도파민이 활발하게 분비된다. 긍정적이지 않은 운동선수는 일류가 되기 어렵고, 실제로 올림픽 메달리스트들 중에서도 성격이 어두운 사람은 찾아보기 힘들다.

어려운 일에 맞닥뜨릴수록 자연히 포기하고 싶은 마음이 커진다. 하지만 의욕과 집중력이 만들어지는 자기보상신경군은 도파민에 크게 영향을 받는다. 그러니 부정적으로 생각하는 습관이 있다면 의식적으로 고쳐나가며 긍정적인 마음을 유지하려고 노력해야 한다.

'나도 그러고 싶어. 하지만 원체 걱정도 많고 고민도 많아서 밝고 긍정적인 마음을 가지는 게 어려워', '타고난 성격은 바꿀 수 없을 것 같아' 하는 생각이 들지도 모른다. 하지만 방법은 있다. 바로 웃는 얼굴이다. A10 신경군의 꼬리핵은 얼굴의 표정근육과 연결되어 있다. 따라서 아주 간단한 방법으로는 웃는 표정만 짓

고 있어도 부정적으로 생각하기 어렵고 긍정적이고 밝은 마음을
유지하기가 쉬워진다.

　응급의료센터에서 일했던 때에, 나는 모든 직원들에게 출근 전
에 거울을 보고 웃는 얼굴을 만들어 올 것을 부탁했다. 물론 나
역시 매일 아침 웃는 얼굴을 만드는 것이 일과였다. 의식적으로
웃는 얼굴을 유지하고 인상을 쓰거나 입꼬리를 내리지 않는 것.
이런 사소한 노력도 궁극적으로 일하는 시간을 줄이고 내 시간을
효율적으로 쓰는 데에 도움이 된다.

"안 돼", "못해"
일을 망치는 말버릇

✦ 책상에 '부정적인 표현 금지' 붙이기

  좋아하는 힘을 키우는 것과 함께, 반드시 습관으로 만들어야
하는 것이 '부정적인 표현을 사용하지 않기'다. 머릿속에 떠올랐
더라도 최소한 입 밖으로는 내지 않아야 한다. 대표적인 표현이
'난 못해', '힘들어', '어려워', '피곤해', '하기 싫어', '마음에 안 들
어', '큰일이야', '하지만' 같은 말이다. 이 중에 내 말버릇은 없는
지 생각해보자.

생각보다도 훨씬 많은 사람들이 아주 일상적으로 부정적인 말을 사용하고 있다. 업무상 만난 사람과 "요즘 어떻게 지내세요?", "어휴, 너무 피곤해요.", "저녁이라도 같이 할까요?", "오늘은 몸이 안 좋네요." 같은 대화를 인사말 대신 나누는 모습을 자주 볼 수 있다. 왠지 익숙하지 않은가?

만약 '그건 못해', '피곤해', '하지만'이 입버릇처럼 나오고 '힘들어', '하기 싫어'라는 말을 쉽게 하는 사람이라면, 지금부터라도 '부정적인 표현 금지'를 메모해서 책상에 붙이기 바란다. 진심이 아니라 단지 말버릇뿐이어도 부정적인 표현이 귀를 통해 뇌로 들어가면 '이 정보는 필요 없는 것'이라고 반응하여 집중력을 떨어뜨린다. 자신이 부정적인 말을 하든, 다른 사람의 부정적인 말을 듣든 집중력에 나쁜 영향을 주는 것은 마찬가지다. 하지만 다른 사람이 하는 말은 어떻게든 내 귀를 막을 수 있지만 자신이 하는 말은 피할 수 없다. 뇌는 하나도 빠짐없이 듣는다. 그러니 습관적으로 부정적인 말을 내뱉지 않는 것이 매우 중요하다.

부정적인 표현을 떠올리는 것만으로도 집중력은 떨어진다. 무언가를 해보려고 할 때 '귀찮아', '큰일 났네', '어렵겠는걸' 하고 생각하는 순간, 우선순위에서 밀려나고 의욕도 사라진다. 게다가 한창 집중하고 있을 때에도 '아, 힘들어', '이제 하기 싫어', '더 이상은 못하겠어' 하는 생각이 들면 곧장 자기보상신경군이 작동을 멈춰서 집중이 끊어지고 만다. 부정적인 느낌을 감지한 순간, 모든 관련 정보에 부정적인 라벨을 붙이고 자기보상신경군에는 제동이 걸려서 무의식적으로 집중이 끊어지기 때문이다.

운동경기에서도 계속 점수를 리드하던 팀이 갑자기 대열이 흐트러지는 모습을 보일 때가 있다. 예를 들어 야구 경기에서 투수가 공을 잘 던지다가 갑자기 안타를 맞으며 점수를 내어주는 상황을 떠올려보자. 한 투수가 연달아 여덟 명을 삼진으로 아웃시킨 후에 공을 던진다. 그런데 유격수가 공을 놓치는 바람에 안타가 되고, 그때부터 경기의 흐름이 완전히 뒤바뀌어버린다.

이런 상황이 펼쳐지면 관중들은 '아까까지만 해도 그렇게 잘 던지더니 갑자기 왜 저러는 거야?' 하고 의아해하지만, 그렇게 된

데에는 분명한 이유가 있다.

유격수의 실책 자체가 절체절명의 위기로 이어질 정도로 심각한 것은 아니었지만 투수의 경기력이 떨어져서 상황이 역전된 것이다. 유격수가 공을 놓쳤을 때 투수가 '큰일 났네', '저 녀석 때문에 지겠어' 하고 생각한 것이 바로 그 이유다. 경기가 이렇게 진행되면 야구 해설가는 '흐름이 넘어왔네요'라고 표현한다. 하지만 흐름은 저절로 바뀐 것이 아니라 투수가 그런 흐름을 만든 것이다. 부정적인 감정만으로 집중력이 떨어지고 안전하게 가자는 본능이 과도하게 작동하기 시작하여 경기의 흐름이 달라진 것이다.

'말이 씨가 된다'는 말처럼, 부정적인 표현을 적게 사용하는 사람일수록 어떤 일에서든 목표한 바에 더 쉽게 다다를 수 있다. 부정적인 표현이나 기분이 아주 잠깐이라도 머릿속에 떠오르면 무의식적으로 집중을 방해한다. 어떤 일을 할 때에 '하기 싫어'라는 생각부터 들거나 금세 '지겨워', '힘들어'라는 말이 입 밖으로 나오는 사람은 특히 주의하기 바란다. 집중력을 떨어뜨리는 근원인 부정적인 표현을 일상에서 의식적으로 줄이는 것만으로도 집중력의 자질을 단련할 수 있다.

집중력의 기초 ❸

넘겨짚지 않고
그대로 받아들인다

✦ 존중하는 마음이 지름길을 열어준다

내 힘으로 해내겠다는 주체적인 자세를 단련할 때에는 일이든 사람이든 순수한 마음으로 왜곡하지 않고 바라보는 것이 매우 중요하다. '어떻게 되든 상관없어', '어차피 안 될 거야', '이렇게까지 해야 해?', '이게 다 무슨 소용이야'라고 편견을 가지면 뇌는 긍정적으로 작동하지 않는다. 이미 그럴 의지가 없는데 뇌야말로 열심히 한들 무슨 소용이겠는가? 그런 생각은 새로운 정보를 탐구하는 학습 본능을 거스르는 것인 데다가, 일이든 사람이든 무언

085

가를 깔보거나 삐딱하게 대하면 A10 신경군에서 잽싸게 부정적인 라벨을 붙이기 때문이다.

어떤 일이든 꼬아서 받아들이고 우선 비판하는 것이 쿨한 태도라고 생각하는 사람일수록 뇌의 기능은 떨어지는 게 사실이다. 상대방을 얕잡아 보거나 무시하는 사람은 부정적인 표현에 더 익숙할 테니 뇌는 더더욱 작동하지 않는다. 겉으로는 차분해 보이지만 잘 웃고 순수하게 감동할 줄 알며 어떤 일에든 호기심을 잃지 않는 사람이야말로 집중력은 물론 기억력, 공간인지능력 등 업무의 질을 끌어올리는 두뇌의 능력을 최대한 발휘할 수 있다.

학창시절을 되돌아보면, 좋아하는 선생님의 수업은 특별히 열심히 공부했을 것이다. 성인이 된 지금은 직장에 온통 싫은 사람뿐이어서 업무에 최선을 다할 마음이 들지 않는 사람도 있을 것이다. 좋고 싫음은 물건이나 일뿐만 아니라 사람에게 품을 때 더욱 확장되는 감정이다. 좋아하지 않는 사람이 지시한 일일수록 집중할 수 없는 것은 그 사람뿐 아니라 그 사람의 지시에도 '싫다'는 라벨을 붙이기 때문이다. 그렇다고 일을 하지 않을 수는 없는 노릇이니 자기보존 본능이 강하게 발동하여 '시키는 일만 최소한으로 하자'라고 생각하게 되고 '어떻게든 해내겠다'는 의욕을 갖기는 어려워진다. 그러니 집중할 수 없는, 집중할 필요도 없는 상태가 되는 것이다.

사람을 존중하는 것이 중요한 또 다른 이유는 다른 사람을 존중하면 자신도 존중받을 수 있으므로 자아 본능에 긍정적인 영향을 주기 때문이다. 여기에서 만들어진 자존감은 주체적으로 어떤 일에 몰두하려고 할 때에 주춧돌이 되어준다. 일과 사람을 존중하는 힘을 기르면 자신의 능력을 보여줄 때 필요한 본능을 단련할 수 있다.

◆ 싫은 사람에게서 좋은 점 딱 한 가지를 찾아보자

지금보다 한 단계 성장하려면 '저 사람은 싫어', '뭘 해도 불편해'라는 생각을 버리고 그런 사람이라도 좋아할 수 있는, 적어도 싫지는 않다는 마음을 가져야 한다. 상사, 선생님, 동료, 친구 등 누구나 마찬가지다. 싫어하는 사람을 좋아하는 것은 절대 불가능한 일처럼 느껴지지만 우리의 뇌는 그것을 가능하게 하는 힘을 가지고 있다.

애초에 누군가를 싫어하는 것도 뇌의 본능에 따른 결과다. '왠지 싫어', '나랑 안 맞아', '저런 행동이 마음에 안 들어' 같은 생각은 통일성·일관성 본능에서 비롯된 것이다. 자신이 올바르다고 판단하는 기준에서 상대방이 벗어난다고 판단하므로 '싫어', '불편해'라며 밀어내고 싶은 것이다. '생각하는 게 너무 달라', '저 말은 납득할 수 없어' 같은 생각도 자신의 기준에서 벗어난 이야기를 받아들이기 어려워서 나타나는 반응이다.

사람을 싫어하는 것이 뇌의 메커니즘에 따른 결과라는 사실을 이해한다면 좋아하는 힘을 키우는 것도 그렇게 어려운 일만은 아니다. 선입견을 버리고 의식적으로 상대방의 좋은 점을 찾으려고 노력해보자. 왠지 불편한 사람이나 아무리 애를 써도 좋아지지 않는 사람이라도 어떤 계기를 통해 그 사람의 다른 면을 알게 되면 이전과는 다른 사람으로 느껴질 때가 종종 있다.

평소에 싫어하던 사람이었지만 내가 궁지에 몰렸을 때 앞뒤 재지 않고 나를 도와주어서 한순간에 다르게 보이기도 하고, 다른 사람들에게서 그 사람의 칭찬을 들으면 싫어하는 마음이 누그러지기도 한다. '나랑 안 맞아', '마음에 안 들어'라는 감정은 언제든

바뀌기 마련이고 또 바꿀 수 있는 것이다. 다른 사람에 대한 나의 호불호는 결코 영원하지 않다. 자신과 생각이 달라서 싫어하는 경우에도 통일성·일관성 본능 때문에 '나와 다름'을 싫어했던 것은 아닐까 생각해보자. 상대방의 생각을 배척하기보다 있는 그대로 받아들임으로써 '그렇게 생각할 수도 있구나' 하고 한 걸음 떨어져서 바라볼 수 있게 될 것이다.

뇌에는 관계 본능이 있으므로 그 본능을 소중히 여기면 좋아하는 힘을 키울 수 있다. 이런 생각을 가지고 사람을 좋아하는 힘을 단련하기 시작했다면 그런 자신을 충분히 칭찬해주자. 자존감을 키우는 데에도 좋은 영향을 줄 것이다.

단, 모든 사람을 반드시 좋아해야 한다는 뜻은 아니다. 요즘은 학교뿐만 아니라 직장에서도 따돌림이 일어나고 '갑질'이라는 말도 쓰이고 있다. 불합리한 일을 강요하는 상사나 나에게 명백한 악의를 갖고 있는 사람은 아무리 노력해도 좋아지지 않을 테고 그럴 필요도 없다. 관계가 회복될 것 같지 않고 변화하려는 의지가 없어 보이는 사람에 대해서는 자신의 정신 건강을 위해서라도 좋아하려는 노력을 멈추고 거리를 두자.

♦ 팀은 함께 배우고 성장하는 리더를 원한다

직원들을 이끄는 위치에 있는 리더는 어떻게 해야 팀 전체의 의욕과 집중력을 키울 수 있을지 고민해야 한다. 팀이 성과를 올리려면 팀원 하나하나가 합의된 목표를 달성하기 위해 몰두하는 것이 중요하다. 그런데 팀이 하나가 되어 움직여야 할 때에 팀을 이끄는 리더가 부하 직원들에게 사랑받지 못한다면 그들을 발전적인 방향으로 이끌 수 없다. 일방적으로 명령하거나 엄격하게 통제만 한다면 직원들은 자발성을 가지기 어렵고 의욕도 키우지 못한다. 더구나 '팀장이 싫어'라는 생각을 가지고 일하는 사람은 업무 효율도가 뚝 떨어질 것이다.

팀의 성과를 높이고 싶다면 자신이 직원들에게 존중받고 신뢰받는 리더인지 돌아보라. 직원들에 대해서 '저 녀석은 할 줄 아는 게 없어', '집중하지 않으니까 성과를 못 내는 거야'라고 말하는 리더는 직원들을 가르치고 성장시켜야 하는 위치에 있는 사람으로서 자격이 없다. 그런 상사는 존재 자체가 조직이나 팀의 집중력을 떨어뜨리는 원인으로 작용하기도 한다.

'부하 직원이 있기에 리더로서 결과를 만들 수 있다'고 생각하는 상사와 함께 일한다면 부하 직원들은 성장할 수 있다. 그러려면 일방적으로 가르치는 '교육'이 아니라 함께 배우고 성장하는 '공육(共育)'의 사고방식을 가져야 한다. 또한 직원들을 성장시키는 책임감 있는 리더가 되겠다는 자세를 가진다면, 불편하고 대하기 어려운 직원까지 포용할 수 있는 힘이 생긴다. 그런 사람은 리더로서의 능력뿐만 아니라 개인으로서의 능력도 계속 늘어날 것이다. 그러면 팀 전체의 역량도 더욱 커지므로 자연히 성과도 올라가게 된다.

인간의 뇌는 상대가 있어야 자극받도록 설계되어 있다. 다른 사람과 영향을 주고받을 수 없다면 발전하지 못한다는 뜻이다. 그러니 다른 사람을 존중하고 좋아하는 힘을 키워서, 주변 사람들의 힘을 빌려 뇌를 자극시키고 어떤 환경에서도 적응할 수 있도록 개발하자.

한 번에 듣고 이해하는
집중 대화법

✦ 당신은 정말 듣고 있는가?

누군가와 대화할 때에 상대방의 눈을 보고 귀를 기울여서 듣고 있는가? 상대의 이야기를 이해하려면 집중하여 들어야 한다는 사실은 누구나 알고 있다. 하지만 아는 것을 제대로 실천하고 있는지 묻는다면 '그렇다'고 자신 있게 대답할 수 있는 사람은 많지 않을 것이다.

요즘은 누군가와 마주 보고 대화할 때에도 스마트폰에 시선을 두는 사람이 늘고 있다. '중요한 이야기도 아니고 친한 사람이니까 괜찮다'는 말은 변명이 되지 않는다. 적당히 듣고 대충 말하는 습관이 생기면, 이야기를 흘려듣는 것이 버릇이 되어 중요한 자리에서도 들은 것을 제대로 기억하지 못하게 된다.

업무에서도 마찬가지다. 컴퓨터 모니터에 시선을 고정한 채 대화하거나 다른 일을 하면서 이야기를 듣는 것에 익숙해지면 적당히 훑는 대화밖에 할 수 없다. 효율적으로 단시간에 많은 업무를 처리하려면 다양한 작업을 동시에 진행해야 하지만, 한 가지 일에 집중하는 연습을 소홀히 하면 진정한 의미의 업무 효율성은 키워지지 않는다.

귀를 기울여 듣는 것은 그것만으로도 집중력을 높이는 훈련이 된다. 이야기의 인과관계를 정확하게 알아들으면 전전두엽에서는 이해가 깊어진다. 그리고 편견 없이 듣다 보면 대화 속에서 '흥미롭네, 재밌을 것 같아'라는 감상들이 늘어난다. 머릿속에 긍정적인 라벨이 붙은 정보가 채워지고, 동시발화 현상이 강하게 일어나서 뇌 여기저기에서 움직임도 활발해진다. 이야기를 제대로 듣는 습관을 키우면, 집중력을 키우는 데에 도움이 될 뿐만 아니라 굳어 있던 두뇌를 작동하는 데에도 영향을 준다.

♦ 진심을 다하면 서로의 생각이 공유된다

이야기를 제대로 듣는 습관은 진심이 담긴 행동이나 대화로 이어진다. 진심을 다하는 것은 상대의 이야기에 적합한 위로나 반응, 이어지는 이야깃거리 등을 포괄한다. 그래서 여러가지 뇌 기능을 동시에 활용하는 동시발화에 꼭 필요한 요소이자 집중력 발휘로도 이어진다.

다시 말해, 동시발화란 뇌 세포들이 순간적으로 서로 정보를 주고받는 것으로, 뇌의 다양한 기능을 동시에 활성화하는 메커니즘이다. 재미있다고 느낌으로써 그것을 계기로 뇌의 모든 기능이 긴밀하게 작동하는 것이다. 이러한 동시발화가 강하게 일어날 것인가 약하게 유지될 것인가는 평소에 얼마나 진심을 다해서 두뇌를 사용하는지에 따라서 결정된다. 일상에서도 최선을 다할 때가 적은 사람은 뇌에 브레이크가 걸려 있는 상태와 같아서 적당한 범위 내에서 유지는 되겠지만 필요시에도 일정 수준 이상으로는 쉽게 넘어서지 못한다. 뇌가 스스로 한계를 정해버린 것이다.

집중력은 물론, 뇌의 여러 기능을 충분히 발휘하기 위해서는 온 힘을 다하는 것, 그리고 상대와 눈을 맞추고 진심으로 대화하는 것이 가장 중요하다. 이 점을 명심한다면 자신의 사고력, 이해력을 개발하는 것은 물론이고 다른 사람과의 관계가 술술 풀리는 경험도 함께 찾아올 것이다. 말하지 않아도 마음과 생각이 통하는 경험을 해본 적이 있는가? 그 또한 동시발화가 일어난 결과다.

예를 들어 누군가에게서 슬픈 소식을 들었을 때 자신의 일처럼 슬퍼졌던 경험을 떠올려보자. 이것은 말하는 사람의 몸짓과 손짓, 슬픈 표정과 눈물, 안타까운 이야기가 듣는 사람의 뇌 속으로 들어가서, 말하는 사람의 뇌와 듣는 사람의 뇌 속에서 같은 움직임이 일어나기 때문이다. 대화에 강렬한 감정이 담겨 있을수록 전달되는 정보가 많아지고 두 사람 사이에서 동시발화가 쉽게 일어난다. 진정한 의미의 의사소통이란 이러한 동시발화를 기초로 한다고 말할 수 있다.

♦ 맞장구를 치면서 상대의 머릿속으로 들어가자

자유롭게 소통할 수 있는 직장일수록 목표를 달성하기 위하여 모든 구성원이 한 마음으로 집중력을 발휘하는 것도, 마음이 서로 통하는 메커니즘인 동시발화가 일어나서 의사소통이 수월한 환경이 조성되었기 때문이다. 그러한 직장에서는 상사나 동료들이 서로의 이야기에 귀를 기울이고 솔직하고 진심을 다한 대화가 오고갈 것이다. 아마 분위기 파악을 못하는 사람도 없을 것이다. 분위기를 읽지 못하는 것은 상대방의 마음속에 들어가서 생각하는 능력이 없거나, 있더라도 제대로 써먹지 못하기 때문이다. 평소에 진심으로 이야기하거나 자신의 뜻을 제대로 전달하지 못한다면 상대방의 마음에 들어가서 생각하는 힘도 생기지 않는다.

나의 주변환경이 목표 달성을 위하여 모든 구성원이 집중하여 능력을 발휘하도록 조성되어 있다면, 관계 본능과 통일성·일관성 본능이 발동하여 자연스럽게 집중력이 개선될 것이다. 뇌의 메커니즘을 바탕으로 생각해보면, 수준 높은 환경에 있으면 그곳에 있는 것만으로도 개인의 수준이 높아지고, 환경이 받쳐주지 않으면 시간이 아무리 지나도 개인은 성장하지 못한다.

그렇다고 해서 소극적인 자세로 누군가가 환경을 바꿔주기만을 기다려서는 아무것도 해결되지 않는다. 그러기보다 '내가 바꿔보겠다'는 강한 의지를 가지자. 상대방의 뇌 속으로 들어가서 대화하는 법을 익혀 자신의 힘으로 환경을 바꾸어나가기 바란다. 어떤 회사, 어떤 직급이라도 분명 내가 바꿀 수 있는 부분은 존재한다. 그러한 강렬한 의지가 주변 사람들에게 전해져 동시발화가 일어나면, 어느새 환경은 내가 의도한 방향으로 달라질 것이다.

상대방의 머릿속에 들어가 대화하려면 상대방의 이야기에 '그렇구나', '맞아, 맞아'라는 맞장구와 상대방이 사용한 표현을 활용하여 답하는 것이 중요하다. 상대방의 이야기가 자신의 통일성·일관성 본능에 맞지 않으면 '그건 아니지'라고 말하고 싶어지겠지만, 그렇게 말하면 상대방의 머릿속으로 들어갈 수 없다.

그렇게 동의한 후에는 상대방이 사용한 표현을 적극적으로 활용하여 대화를 이어가면 된다. 예를 들어 한창 일에 쫓기고 있을 때에 동료가 "이 정도 자료로는 부족해. 다시 정리해줘."라고 자신이 만든 자료를 돌려주었다고 해보자. '바쁜 와중에 기껏 시간을 쪼개서 해줬더니'라고 생각하거나 "뭐가 어떻다는 거야?"라며 받아치는 대신, "그렇구나, 이 정도 자료로는 부족하구나."라고 대답하는 것이다. 그러고 나서 "어디를 어떻게 보완하면 좋을까?"라고 묻고, "수치를 더 조사해줘."라고 대답한다면 "그렇구나, 숫자가 부족한 거였구나."라고 대화를 이어가는 것이 중요하다.

이렇게 상사, 동료, 부하 직원을 대할 때에 상대방의 머릿속에 들어가서 대화하는 법을 기억하고, 일상에서도 진심을 다하여 대화하는 습관을 들여보자. 자신의 집중력에는 물론, 주변환경을 바꾸는 데에도 긍정적인 영향을 미칠 것이다.

'거의 다 했어'라는 최악의 표현

✦ 앞서나가는 마음을 붙잡기

뭔가를 가지러 방에 들어왔다가 금세 '뭘 가지러 온 거지?' 하고 잊어버릴 때가 있다. 이것은 건망증이 아니라 뇌의 메커니즘 때문이다. 처음 있었던 장소에서부터 기억을 되짚어보면 필요했던 물건이 무엇인지 기억날 때가 많은 것을 보면 알 수 있다.

우리 두뇌의 특징 중 하나는 '새로운 정보에 반응한다'는 것이다. 무엇을 하려고 했는지 잊어버렸다면, 아마도 도중에 누군가가 말을 걸었거나, '그러고 보니, 그것도 해야 하는데'라며 다른 생각이 떠올랐거나, 새로운 정보가 머릿속으로 들어왔을 것이다. 지금 생각하던 것과 상관없는 정보가 들어오면 뇌는 순간적으로 그쪽에 먼저 반응한다. 그래서 원래 하려고 한 일은 기억나지 않는 현상이 일어나는 것이다. 이러한 뇌의 특성은 집중력에도 영향을 미친다. 특히 '거의 다 했어', '이 정도면 되겠지'라는 생각은 집중력을 끊어버리는 최악의 표현이라고 할 수 있다.

거의 다 끝나간다는 생각이 한번 들기 시작하면 뇌는 더 이상 하지 않아도 되는 일이라고 판단을 내리고 집중하기를 멈춘다. 그때 다른 일을 시작하거나 떠올리면 순간적으로 뇌는 새로운 정보에 눈을 돌린다. 그렇게 한번 흐름이 끊어지면, 다시 원래 하던 일로 돌아가려고 해도 집중하기 어렵다.

◆ 회의에서 능률을 떨어뜨리는 말

아이디어 회의를 예로 들어보자. 한창 아이디어를 내다가도 회의가 끝날 시간이 다가오면 급격하게 집중력이 떨어진 적이 없는가? '이쯤 하면 되지 않았나', '조금만 있으면 끝나겠네', '회의 끝나면 그 일부터 해야지'라는 딴생각 때문에 일어나는 현상이다. 이때 상사가 "아이디어가 부족하니까 좀 더 생각해봅시다."라고 재촉해도 좋은 아이디어는 나오지 않는다.

'거의 다 했어', '이 정도면 되겠지'라는 생각이 집중력을 떨어뜨리는 이유가 한 가지 더 있다. 집중력은 하겠다고 마음먹은 일을 끝까지 해내는 힘이기도 하다. 그런데 거의 다 끝나간다고, 이쯤 하면 됐다고 생각하면 실제로는 할 일이 아직 남아 있어도 흐지부지 끝내버리는 버릇이 생겨서 마음먹은 일을 제대로 마무리 짓는 힘을 키울 수 없게 된다.

그러니 이 두 가지 생각을 습관으로 들이지 않도록 하자. 무의식적으로 그런 생각이 들었더라도 재빨리 다른 생각으로 환기하면 된다. 머릿속에서 부정적인 정보로 낙인 찍히기 전에 의식적으로 분위기를 바꿔준다면 아주 사소한 노력만으로도 집중력을 키우기 위한 자질은 단련된다.

'나중에'가 아니라
'지금 당장' 시작하라

♦ 미룰수록 집중력은 떨어진다

뇌도 보상을 받아야 신이 나서 움직인다는 사실을 떠올리면, 해야 할 일을 미루는 것은 보상받을 기회를 놓치는 것이다. '왠지 하고 싶은 마음이 안 생기네. 그냥 내일 할까?', '귀찮으니까 이건 나중에 하자' 같은 습관적 미루기를 줄이는 것도 집중력을 키우는 데에 도움이 된다. 작은 일부터 당장 단숨에 시작하기를 확실하게 습관으로 만들어보자.

나중으로 미루는 것은 해야 할 일을 제쳐둔다는 의미다. 미루는 일이 많아질수록 스스로 노력해서 보상을 얻는 자기보상신경 군뿐만 아니라, 무엇에 집중해야 하는지 순간적으로 판단하는 전전두엽까지 둔해진다. 정해진 시간 안에 여러 가지 일을 해내야 할 때에는 최우선으로 해야 할 일을 가려내는 사고력이 필요하고, 재빠르게 결정하고 바로 행동에 옮길 수 있어야 한 가지 일에 전력투구할 수 있다.

내가 몸 담았던 뇌신경외과에서는 그 자리에서 지체 없이 판단을 내리는 것이 우리의 의무였다. 생명과 직결되는 일인 데다가 뇌는 아주 잠깐의 머뭇거림이 환자의 인생을 좌우할 수 있으므로 '99퍼센트 확실하니까 이렇게 하자'는 판단은 통하지 않는다. 이는 곧 환자 100명 중에 한 사람은 구하지 못한다는 뜻이기 때문이다. '환자는 100퍼센트 살려야 한다'는 목표 아래에서 재빠르게 결정을 내리고 즉시 실행에 옮겨야 한다.

이전에 치료를 담당했던 환자 중 한 명이 뇌간출혈 때문에 신경계가 마비되어 목숨이 위태로운 지경에 이른 적이 있었다. 뇌간은 호흡, 체온, 심박수 조절 등 생명 유지에 빼놓을 수 없는 활동을 담당하는 중추다. 위치 때문에 외과적 수술은 어렵고, 생명 유지 중추이므로 직접 손을 대면 안 된다는 것이 불문율이었다. 그렇다고 그대로 두면 사망할 것이 분명했다.

이렇게 긴급한 상황에서 내가 내린 결정은 뇌간에 구멍을 뚫어서 혈액을 빼내는 것이었다. 절대로 손을 대서는 안 되는 부분에 손을 대는 것을 넘어서 구멍까지 뚫어 혈액을 빼내겠다고 했으니 당시에는 금기를 깬 파격적인 방법이었다. 다른 직원들은 모두 "뇌간을 건드리겠다고요?"라며 당황한 모습이 역력했지만, 나는 두 번 고민하지 않고 "일단 혈액을 빼내고 나면 손을 쓸 수 있는 기회가 생길 거야. 지금 바로 해보자."는 말과 함께 곧바로 수술을 시작했고 다행히 그 환자를 살릴 수 있었다.

◆ 언제 하지? 지금 하자!

기존의 경험에 얽매여 있었다면 그런 방법을 떠올리지 못했을 것이다. 또한 평소부터 '과거에 통했던 방식이 지금도 유효하다고 확신할 수 있을까' 하는 의구심을 가지고, '해볼까?'가 아니라 '해보자!'는 생각으로 망설임 없이 결단을 내리며, '나는 할 수 있다'는 믿음으로 바로 실행했기에 가능했던 일이다. 1분 1초를 다투는 현장에서 재빠르게 결정하고 곧바로 실행했던 경험 역시 많은 도움이 되었다.

생명이 걸린 중대한 업무였기에 그런 태도가 필수적이었으리라 생각하는 사람도 있겠지만, 일상이나 회사에서도 운명을 좌우하는 결정을 내려야 할 때가 있다. 목표를 달성해야만 살아남을 수 있는 상황도 있을 것이다. 그럴 때마다 가능한 최선의 선택을 내려 나중의 후회를 줄이기 위해서는 흐트러짐 없는 집중력이 반드시 필요하다.

빠르게 결단을 내리고 바로 실행하며 온 힘을 쏟는 데에 필요한 집중력은 평소에 습관화시켜야 한다. 그러니 '나중에 하자'가 아니라 '지금 하자'를 매일 조금씩 반복하는 것이 중요하다. 업무든 공부든 집안일이든, 무엇을 할 때나 '언제 하지? 지금 하자!'를 좌우명으로 삼기 바란다.

집중력의 기초 ❼

이익과 손해를 따져서는
한계를 넘을 수 없다

◆ 이익과 손해를 따지면 의욕은 사라진다

앞에서 말했듯이, 집중력을 무의식적으로 떨어뜨리는 원인 중 하나는 무엇이 이익이고 손해인지 따지는 사고방식이다. '이건 하는 편이 이득이겠다', '이건 해봤자 나에게 남는 게 없겠어'라는 판단의 기준을 세우면 어떤 일에서도 '이런 일에 이렇게까지 열심히 할 필요는 없을 것 같은데', '일단 손해가 없을 정도로만 해두자' 하고 한 발을 빼고 주저하게 된다. 온전히 집중할 수 없게 딴생각이 끼어들게 된다.

이러한 사고방식에 익숙해지면 '이익'에 대한 기준이 모호해지고 정해진 목표를 달성해야 할 이유도 찾기가 어려워진다. '열심히 해서 뭐해'라는 생각이 들기 시작하면 모든 일이 무의미해지고 의욕도 생기지 않는다. 이익과 손해를 따지는 사고방식은 의욕과 집중력에 깊고 커다란 구멍을 뚫어버린다는 사실을 한 번 더 기억해두기 바란다.

현대사회는 '무엇을 얻고 무엇을 잃을지 미리 계산해보고 행동해야 한다', '호구가 되어서는 안 된다'는 생각이 팽배해 있다. 정보가 넘쳐나는 세상이니 그중에서 필요한 것을 가려내려면 무엇이 손해이고 이익인지를 기준으로 판단할 수밖에 없는 것도 사실이다. 그러나 집중력을 키우고 싶다면, 하겠다고 결정한 이상 이익과 손해를 따지지 않고 우직하게 전력투구하는 자세가 필요하다.

♦ 실전에 약한 사람의 연습법

지금까지 나에게 조언을 얻어간 운동선수들 중에는 실력은 출중하지만 실전에서 번번이 미끄러져 메달을 따지 못한 선수들도 있다. 연습할 때는 컨디션이 좋지만 실전에서는 그만큼 기량을 보여주지 못하는 것이다. 그런 선수들에게 공통적으로 발견되는 특징은 연습에서 최선을 다하지 않는다는 점이다. 오랜 경험으로 성적을 올리려면 어떻게 해야 하는지, 어떤 방식을 도입하면 실력이 향상되는지 알고 있어서 효과가 있을 것 같은 훈련은 열심히 한다. 하지만 그렇지 않은 훈련은 대충 하는, 말하자면 뇌가 시너지 효과를 일으킬 수 없는 방식으로 연습을 하는 것이다.

이러한 연습 방식이 효율적으로 보일 수도 있으나, 실전에서 높은 집중력을 끌어올리는 데에는 전혀 도움이 되지 않는다. 최선을 다해 훈련하는 순간에도 '이건 도움이 되니까 열심히 하자', '손해 보는 일은 하지 말자'는 생각이 깔려 있다. '이건 시간 낭비야. 이럴 시간에 다른 연습을 하는 게 낫겠어'라는 부정적인 마음도 담겨 있다. 자신은 목숨을 걸고 노력한다고 생각하겠지만, 아무 생각 없이 맹목적으로 연습하지 않는다면 집중력은 키워지지 않고 실전에서 힘을 발휘하기 어렵다. 아무리 노력해도 원하는 만큼 성과를 이루지 못한다면 평소에 연습도 실전처럼 몰입하는 습관이 들지 않았기 때문이다.

♦ 일상의 전력투구가 실전에서 빛을 발한다

올림픽이나 중요한 경기에서 언제나 기대한 만큼의 성적을 보여주는 선수들을 떠올려보자. 그들이 입버릇처럼 하는 말이 '연습을 실전처럼, 실전을 연습처럼'이다. 다큐멘터리나 텔레비전 방송에서 볼 수 있듯이, 그들은 매순간 날카로운 집중력으로 임한다. 중요한 경기를 앞두었을 때 부상을 염려하여 난이도를 낮춰서 연습하는 선수들이 많은데, '하기로 한 이상 언제나 최선을 다한다', '연습이라고 대충하지 않는다'는 진지한 자세가 실전에서 뛰어난 결과로 이어지는 것이다.

'손해여도 상관없어. 나는 이걸 끝까지 해낼 거야', '최소한 제일 못하는 사람이 될 수는 없어'. 평소에도 이러한 마음을 다지며 이익과 손해를 전혀 계산하지 않고 마지막까지 전력을 다해 몰두하는 태도를 몸에 익힌다면, 중요한 순간에는 언제든지 머릿속을 비운 고도의 집중력을 발휘할 수 있을 것이다.

반성할 시간에
'다음'을 준비한다

✳

◆ 반성할수록 승부에는 약해진다

　운동 시합이 끝난 후에는 대개 선수들이 모여서 그날 경기에서 자신이 한 실수나 잘못을 돌아보는 시간을 갖는다. 경기 결과와 상관없이, 자신의 팀이 이긴 날에도 반성할 점을 돌아보는 것으로 대화가 시작되는 경우도 많다.

　나는 스포츠 팀의 감독이나 코치들에게 '실력이 나아지지 않는 우리 팀에게 조언을 해달라'는 요청을 받으면 선수들의 현재 상태를 파악하기 위하여 현장에 찾아간다. 이때 성적이 오르지 않는 팀이나 선수일수록 반성을 많이 한다는 공통점을 발견했다.

물론 잘못한 점을 분명히 인지하고 그 부분을 개선해서 다음에 더 잘하자는 사고방식은 도움이 된다. 하지만 반성 때문에 경기에 집중하지 못하고 승부에 약해지는 것도 사실이다. 반성이 도움이 되지 않는 이유는 잘못한 점과 실패의 원인을 재확인하는 행위이기 때문이다. 실수한 부분을 찾다 보면 '여기에서 이렇게 한 게 잘못이네'처럼 부정적인 표현이 쏟아져 나오므로 자책과 후회가 강렬해진다. 게다가 잘못한 부분을 재확인함으로써 실패한 일이 머릿속에 남기 쉽다는 점도 문제다. 나중에 같은 상황이 일어났을 때 '또 실수하면 어떡하지', '난 못해. 할 수 없어'라는 생각이 들기 시작하면 뇌는 작동하기를 멈추어버린다. 반성할수록 기분은 점점 나빠지니 집중력이 필요한 순간에 발휘할 수 없게 된다.

운동경기뿐만 아니라 업무나 학업에서도 실패의 원인을 추궁하고 잘하지 못한 점만 지적하는 것은 집중력을 기르는 데에 오히려 방해가 된다. 그러니 잘못한 점만 돌아보는 습관은 버리자.

◆ 잘한 점을 칭찬하고 '다음'에 집중한다

그렇다면 반성 대신에 무엇을 해야 할까? 과거를 돌아볼 거라
면 잘한 일만 찾고, 그것을 어떻게 다음 번에 확대해서 적용할 수
있을지 생각해보자. 자신이나 팀에서 극대화할 수 있는 장점을
찾는 것이다.

프레젠테이션이나 운동경기처럼 상대방과 경쟁하는 상황에서
패했다면, 상대방의 어떤 점이 자신보다 뛰어났는지에 관심을 두
고 어떻게 하면 상대방을 뛰어넘을 수 있을지 생각한다. '오늘의
패배를 반드시 갚아주겠다'는 마음으로 과거를 돌아보는 것이 실
패를 극복하는 방법이자 실패에 겁먹어 과도하게 움츠리는 것을
막는 방법이다.

그리고 자기보존 본능 때문에 '실패하고 싶지 않아'라는 부정
적인 감정이 생기는 것을 막기 위해서는 자신의 약점을 긍정적
으로 받아들이고 공개하는 것이 도움이 된다. '그러니까 나는 안
돼'라는 부정적인 생각으로 이어지지 않는 한, 약점을 인정하는
것 자체는 뇌에 나쁜 영향을 주지 않는다. 여기서 한 걸음 더 나
아가, 약점을 숨기고 서툰 부분을 감추기보다 "나는 이 부분이 약

하니까 네가 도와줄래?"라고 한다면 주변의 도움으로 단점을 보완할 수 있다.

'난 왜 이것도 못하지', '왜 실패했을까?'라는 반성을 반복하면 뇌 속에 부정적인 정보만 가득 찰 뿐이다. 그러면 집중력의 원천인 '내 힘으로 해보자'는 마음이 생기기 어렵고, 집중력은 물론 뇌 전체의 기능을 활발하게 작동시키기 어려워진다. 반복하지만, 뇌는 밝고 긍정적인 마음이 있어야 힘을 발휘한다. 약점도 당당한 태도로 공개하는 것이 뇌의 힘을 키우는 또 하나의 길이다.

하나를 끝낸 후에
다음으로 넘어간다

✳

♦ 마지막까지 해냈을 때의 기쁨이 원동력이 된다

일을 조금씩 남겨두는 것, 궁금한 점이 있어도 바로 찾아보지 않는 것, 중간에 일하는 방식을 바꾸는 것. 모두 집중력을 떨어뜨리는 습관이다. 일을 끝까지 하지 않고 조금씩 남겨두거나 궁금한 점을 바로 해결하지 않는 것은 앞서 말한 미루기에 해당한다. '이 정도면 괜찮겠지', '거의 다 했으니까 나머지는 내일 해야지' 처럼, '이만하면 됐다', '거의 다 했다'는 생각 때문에 집중력이 생기지 않는다는 사실은 새삼 설명할 것도 없다. 집중력을 단련하려면 그날 할 일을 정하고, 한번 결정했다면 단숨에 마지막까지 끝내는 습관을 들여야 한다.

일을 하는 중에 필요한 자료나 궁금한 점이 생긴다면 '이따가 짬이 나면 찾아봐야지'가 아니라 의문이 든 순간에, 최소한 그날 중에 바로 검색하는 습관을 들이자. '그런 건 굳이 말하지 않아도 이미 알고 있는데'라고 생각하겠지만 그렇게 당연한 일을 의외로 실천하지 않는 경우가 많다. 집중력을 높이는 데에는 아주 사소한 것부터 제대로 하겠다는 자세가 도움이 된다.

끝까지 해내는 습관을 들이려면 일을 하는 도중에 방식이나 방향성을 바꾸지 않는 것도 중요하다. 어떤 일을 시작하고 나서 '이렇게 해볼 수도 있겠네', '저렇게 해보는 게 더 빠르겠는걸' 하고 다른 방법을 발견할 때가 있다. 적은 시간에 가능한 많은 일을 해내려는 마음이 강할수록 이런저런 방법을 시도해보고 싶어지는데, 그러다 보면 거의 목적지에 다 온 상황에서 길을 빙빙 돌아가는 꼴이 된다. 한번 정한 것은 끝까지 마무리를 지은 후에 다음 일에 착수하는 과정을 반복하자. 그러면 마지막까지 끝내는 행동에 통일성·일관성 본능이 발동하여 나에게 자연스러운 습관으로 정착된다.

♦ 끝을 보기 전까지는 방향을 바꾸지 않는다

　일을 진행하는 도중에 방법이나 방향성을 바꾸지 않는 것은 팀으로 일할 때에 특히 중요하다. 응급의료센터에서 치료팀을 이끌었을 때 내가 중요시한 것도 바로 그 점이다. 전체 직원들과 여러 차례 회의를 거쳐 방향성을 결정한 후에는 도중에 더 나은 선택지를 발견해도 절대로 바꾸지 않고 처음에 정한 방법을 마지막까지 고수했다.

　한번 정한 것을 끝까지 해낸 후에 다음 단계로 넘어가는 것을 철저하게 지키게 된 이유는 직원들에게 전달하지도 않고 혼자서 판단하여 방향성을 바꾸었다가 곤란을 겪은 적이 있기 때문이다. 나 혼자 다른 방향으로 전력으로 달리다가 정신을 차리고 보니 당연히 나를 따라오고 있을 거라 믿었던 직원들이 한 명도 보이지 않았던 것이다.

　그러한 경험을 몇 번 한 후에야, 한번 정한 것은 도중에 바꾸지 말아야 하고 바꿔야 한다면 일단 마지막까지 끝낸 후에 다시 생각해보기로 결정했다. 특히 결정권을 가지고 있는 리더는 이런 실수를 저지르기 쉽다. 하지만 팀은 절대 한 사람의 의견으로 움직이지 않으며, 팀원들의 진심 어린 동의가 없다면 리더가 기대했던 성과는 얻을 수 없다. 팀의 리더 위치에 있는 사람이라면 이러한 사고방식을 고려해보기 바란다.

흐트러진 자세,
단박에 바로잡기

✦ 옆으로 누워서 휴대폰을 보면 안 되는 이유

바른 자세도 집중력을 유지하는 데에 도움이 된다. '자세와 집중력 사이에 무슨 관계가 있지?' 하며 고개를 갸웃거리는 사람도 있겠지만, 곧은 자세를 유지하면 몸에 부담이 적게 가기 때문에 뇌도 피로를 느끼지 않아서 집중하기까지 걸리는 시간이 짧아지고 길게 유지된다.

자세가 나쁘면 몸의 축이 틀어지고 시선도 한쪽으로 치우쳐서 양쪽 눈에서 뇌로 들어가는 정보에 차이가 생긴다. 그러면 밖에서 들어온 정보를 하나로 모으는 데 오차가 생기고 대상을 올바르게 판단하지 못하게 된다. 정보에 차이가 생기면 뇌의 움직임에도 정체가 생기고 집중력뿐만 아니라 사고력이나 이해력도 떨어진다. 두뇌가 몸을 통제하는 데에도 오류가 생겨 쉽게 지치고 운동신경도 나빠진다.

　프로 운동선수들 중에 자세가 나쁜 사람이 없는 것은 이러한 이유 때문이다. 걸음걸이나 서 있는 자세가 올바르지 않으면 최고의 컨디션을 낼 수 없다. 투구와 타격이 모두 뛰어나다는 한 프로 야구 선수는 자세가 올바르고 양쪽 시력에 차이가 없어서 시각정보를 인지하는 능력이 운동선수들 중에서도 손에 꼽을 정도로 뛰어나다고 한다. 균형 잡힌 자세를 만드는 법은 다음과 같다.

- 시선을 수평으로 둔다.
- 등을 곧게 펴고 어깨에 힘을 뺀다.
- 양쪽 발바닥을 바닥에 일정한 힘으로 닿게 한다.
- 다리를 꼬거나 한쪽 다리에 무게중심을 두지 않는다.

◆ 시공간을 파악해서 두뇌를 깨운다

공간인지능력이라는 말을 들어본 적이 있는가? 이는 일정한 공간 안에서의 위치, 형태, 간격 등을 인식하는 능력이다. 목표를 향하여 정확하게 공을 던지거나, 주변의 물건이나 사람과의 간격을 고려하면서 몸을 움직이거나, 균형을 잡으며 자전거를 타는 것처럼 운동능력은 말할 것도 없고, 책 속의 한 장면을 상상하거나, 머릿속에서 입체도형을 움직이거나, 아이디어를 그림으로 표현하거나, 물건을 보고 따라 그리는 것도 공간인지능력에 영향을 받는 행동이다.

그뿐만 아니라 약속시간에 늦지 않으려고 이동하는 데에 걸리는 시간을 계산하거나, 지도를 보고 약속장소까지 가는 길을 파악하거나, 어떤 일을 하는 순서를 정하는 등, 시간과 공간을 파악할 때에도 공간인지능력은 활발하게 작용한다. 일을 순서대로 진행하지 못하거나 약속시간에 자주 늦거나 숫자에 약한 모습을 보이는 등 업무에 요령이 부족하거나 일이 느린 사람은 집중력뿐만 아니라 공간인지능력이 부족한 것일 수도 있다.

공간인지능력은 이를 담당하는 중추가 뇌의 여러 부분에 흩어져 있다는 것이 특징이다. 예를 들어 운동은 운동중추라는 하나의 부분이 담당하고 있는 데 반해, 공간인지능력은 중심이 되는 공간인지중추 외에도 시각중추나 언어중추, 전전두엽 등 뇌의 여러 부분에 걸쳐서 존재한다. 즉 공간인지능력을 단련하기 위해서는 뇌 전체의 기능을 개발해야 한다.

앞에서 말한 바른 자세도 공간인지능력을 단련하는 방법 중 하나다. 또한 글자를 공들여 쓰는 것도 도움이 된다. 잘 쓰지 못해도 좋으니 정성을 다해서 선의 길이, 여백, 각도를 의식하면서 올바르게 쓰려고 노력해보자. 눈을 감고 제자리 뛰기를 하면서 같은 위치에 착지하기를 반복하는 것도 좋다. 캐치볼, 공차기, 그림 그리기, 장기나 바둑 등 놀이나 취미 중에서도 공간인지능력을 키우는 방법을 찾을 수 있다.

3장

잘 풀리는 사람은
단숨에 끝낸다

—

한순간에 집중 모드로
전환하는 집중 습관

일상의 집중력 ❶

업무 모드로
단숨에 전환하는 법

✦ 책상 위가 곧 내 머릿속이다

평소에는 정신없이 지내다가도 급하게 집중해야 할 때가 종종 생겨난다. 중요한 프레젠테이션에서 실력을 100퍼센트 보여줘야 하거나 마감일이 코앞에 닥쳤을 때, 어떻게 해야 내 모든 역량을 남김없이 쏟아부을 수 있는지는 누구에게나 최대의 관심사일 것이다. 2장에서 집중력을 발휘하기 위해 평소에도 갈고닦을 수 있는 기본 기술을 소개했다면, 이 장에서는 결정적인 상황에서 순간적인 집중력을 끌어올리는 방법을 담았다.

- 업무가 쌓여 있지만 금세 딴생각에 빠진다.
- 마감 직전까지도 '어떻게든 되겠지'라고 생각한다.
- 곧 시험인데 책이 손에 잡히지 않는다.

이러한 생각에 빠져 시간만 죽이던 경험은 누구나 있을 것이다. 해야 한다는 것은 알지만 그럼에도 행동으로 옮기지 못하는 이유로 제일 먼저 생각해볼 수 있는 것이 책상 주변 환경이다. 손이 닿는 곳에 일을 방해하는 리모컨이나 스마트폰이 놓여 있거나 이미 끝낸 일이 계속 책상 위에 올라와 있는 등, 지금 해야 할 일과 상관없는 물건이 눈에 보이는 장소에 있는 것은 아닌지 확인해보자. 앞 장에서 설명했듯이 뇌는 새로운 정보에 순간적으로 반응하는 습관이 있다. 상관없는 물건이 주변에 있으면 주의는 그쪽으로 쏠리고 지금부터 해야 할 일에 집중하지 못하게 된다.

그런 때에는 우선 환경을 재정비한다는 마음으로 책상 주변을 정리해보자. 책상 위에는 지금부터 해야 할 일과 연관된 물건만 두고, 컴퓨터 모니터에도 필요한 창만 띄워두자. 그러고 나서 자신만의 업무 공간인 '마이 존(my zone)'을 설정해야 하는데, 자세한 이야기는 5장에서 다루겠다.

◆ 간단하고 쉬운 일부터 시작한다

책상 위 정리가 끝났다면 아주 사소한 것이라도 좋으니 바로 할 수 있는 일부터 시작해보자. 예를 들어 보고서를 정리해야 하는데 의욕이 생기지 않는다면 보고서에 필요한 목차만이라도 입력한다. 시험이 코앞이지만 공부가 안 된다면 문제집에서 가장 점수가 낮은 문제를 딱 하나만 풀어보는 것이다.

몸풀기 정도의 쉬운 일부터 시작해서 조금씩 흥미를 불러일으키는 방식으로 뇌를 작동시킨다. 보고서에 넣을 목차부터 입력하거나 쉬운 문제를 하나라도 푸는 것처럼 조금이라도 생각을 시작하면 '이해된다', '할 수 있다'는 마음이 일어나서 의욕이 자리를 잡기도 한다.

드디어 하고 싶은 마음이 생겼다면 그때부터 속도가 붙어 집중하여 몰두할 수 있게 된다. 머리가 일하는 모드로 바로 바뀌지 않고 발동이 걸리기까지 시간이 오래 걸리는 사람은 책상 정리 같은 쉬운 일에서부터 두뇌를 예열하는 업무 루틴을 만들어보기 바란다.

저절로 긴장이 사라지는 4가지 실전 팁

✦ 긴장은 과해도 문제, 부족해도 문제

실전에서는 누구나 긴장한다. 나 역시 아무리 강연 경험이 쌓여도 많은 사람들 앞에 설 때마다 긴장감을 느낀다. 사람이라면 중요한 일을 앞두고 긴장하는 것은 당연하다. 오히려 어느 때고 평온한 사람이 드물 것이다. 여러분도 '사람들 앞에만 서면 떨려서 주눅이 든다', '중요한 순간에 끝까지 정신을 바짝 차리고 싶다'고 고민해본 적이 있지 않은가?

구체적인 방법을 소개하기 전에 먼저 말해두고 싶은 것은 실전에서 집중력을 발휘하기 위해서는 어느 정도 긴장감도 필요하다는 점이다. 다시 말해, 긴장감 없이 집중력은 생기지 않는다.

문제가 되는 것은 지나친 긴장이다. 임원진이 참석하는 회의, 하반기 실적이 달려 있는 프레젠테이션, 앞으로의 커리어를 결정하는 면접이나 시험. 이러한 상황에서 머릿속이 새하얘지고, 손발이 떨리고, 목이 메이고, 평소 실력의 반도 보여주지 못하는 것은 긴장감에 정신이 사로잡혔기 때문이다.

긴장은 '나는 안 될 거야', '실패할지도 몰라'라고 예측하는 부정적인 마음에서 일어난다. 위험을 감지한 자기보존 본능이 눈과 귀를 통해 뇌로 들어오는 정보를 차단하여 생각하기를 멈춘 것이다. 또한 평소와 다른 환경에 놓이므로 익숙한 것에 편안함을 느끼는 통일성·일관성 본능이 자극받아 더욱더 신체적 반응이 느려지고 돌발 상황에 순발력 있게 대응할 수 없게 된다.

게다가 채용 면접이나 상위 몇 퍼센트만 통과할 수 있는 시험처럼 경쟁 상대가 있는 상황에서는 '이기고 싶다'는 긍정적인 마음과 '지면 어떡하지'라는 부정적인 마음이 동시에 일어나므로 관계 본능과 자기보존 본능이 대립하여 패닉에 빠지기 쉽다.

긴장되는 상황에 처하면 우리의 몸에는 신체적인 변화가 일어난다. 자율신경계의 교감신경이 활발하게 작동하여 신체의 기능을 활성화하는 것이다. 구체적으로 설명하자면, 시상하부에서 카테콜아민이라는 물질이 맥박이나 호흡을 빨라지게 만들고 피가 빨리 돌게 한다. 그래서 긴장을 하면 심장이 빠르게 뛰는 것이다. 카테콜아민은 근육도 수축시켜서 극심한 긴장 상태에서는 목소리나 손발이 떨리고 온 몸에 힘이 들어가지 않는다.

과도하게 긴장할 때 머릿속이 새하얘지고 식은땀이 나는 것은 이처럼 뇌와 몸이 연결되어 있기 때문이다. 그렇다고 해서 마음이 편안해야 집중을 할 수 있는 것인가 하면, 앞서 말했듯이 그렇지는 않다. 집중력을 생각하면 긴장은 너무 해도 탈이고, 그렇다고 너무 풀어져도 좋지 않다. 만반의 준비를 마치고 출발선에서 준비 자세를 취한 육상선수를 떠올려보자. 실전에 임하는 진지함과 적당한 긴장감이 있어야 '해내겠다'는 자신감이 생긴다.

◆ 긴장에서 벗어나기 ① : 길게 천천히 심호흡한다

그렇다면 과도한 긴장을 풀고 빠르게 집중하려면 어떻게 해야 할까? 긴장을 만드는 건 교감신경이고 부교감신경의 힘을 빌리면 긴장 상태를 완화할 수 있다. 교감신경과 부교감신경은 자율신경이므로 원칙적으로는 우리의 뜻대로 통제할 수 없다. 그런데 예외가 하나 있다. 바로 호흡이다. 얼마나 깊이, 얼마나 오랫동안 숨을 들이마시고 내쉴지는 자유롭게 조절할 수 있다.

숨을 들이마실 때에는 교감신경, 내쉴 때는 부교감신경이 자극된다. 숨을 한 번에 크게 들이마시고 천천히, 깊게 숨을 내쉬면서 호흡한다면 긴장이 풀어질 것이다. 처음에는 5초, 그다음에는 10초로 늘려가면서 '후~' 하고 천천히 깊게 숨을 내쉬기, 숨을 내쉴 때에는 배도 함께 수축되는지 느끼기. 중요한 순간을 앞두었을 때 눈을 감고 이 두 가지를 실행해보자. 주위 환경과 나를 분리시켜주면서 긴장을 완화하는 데에 도움이 될 것이다.

◆ 긴장에서 벗어나기 ② : 그 자리를 잠깐 벗어난다

또 한 가지 방법은, 긴장을 느끼는 자리에서 벗어나 자극받은 통일성·일관성 본능을 달래주는 것이다. 평소와 다른 환경 때문에 긴장 상태를 일으키고 있으므로 그 장소에서 잠깐 벗어나 기분을 환기시킨다.

회의실, 강연장, 시험장에 있을 때에 일단 그곳에서 벗어나서 심호흡을 하거나 가볍게 스트레칭을 하면서 몸을 움직여보자. 시간 여유가 있다면 잠깐 바깥을 거닐어보는 것도 좋다. 피겨스케이팅 선수들도 시합 전에는 아이스링크를 벗어나 다른 곳으로 가서 가볍게 점프를 하며 긴장을 푼다. 이렇게 타고난 본능도 자신에게 도움이 되는 방향으로 이용하는 법을 기억해두기 바란다.

◆ 긴장에서 벗어나기 ③ : 미리 답사한다

시험이나 면접이 있다면 미리 그 장소에 가보는 것도 앞으로 닥칠 긴장을 누그러뜨리는 데에 도움이 된다. 이는 낯선 환경에서 지나치게 경직되는 사람의 눈과 귀를 익숙하게 만들어 통일성·일관성 본능을 적절하게 사용하는 방법이다.

고교야구부의 베테랑 감독에게 다음과 같은 이야기를 들은 적이 있다. 그는 시합이 열릴 야구장에 도착하면 가장 먼저 선수들과 함께 야구장을 구석구석 돌아다니면서 평소 연습 때처럼 잡담을 나눈다고 한다. 그렇게 해서 선수들을 낯선 환경에 적응시키면, 처음에는 특별한 장소였던 야구장이 더 이상 낯선 장소가 아니게 되므로 평소와 같은 실력을 보여줄 수 있다고 했다. 뇌과학의 관점에서 통일성·일관성 본능을 매우 적절하게 활용한 대응법이다.

평소와 다른 환경에 있는 것만으로도 뇌의 활동은 눈에 띄게 둔해지기 때문에 예비 조사를 해두면 낯선 장소에 대한 방어벽도 낮아진다. 시험장이나 강연장, 면접장에 미리 찾아가서 자리에 앉아보거나 같은 건물의 화장실을 사용해보는 등 가능한 범위 안에서 돌아다니면서 그 장소에 익숙해지면, 실전에서의 긴장도 어느 정도 줄일 수 있고 마음을 가다듬는 데 도움이 된다.

직접 가기가 힘들다면 그 공간을 떠올리면서 예행연습을 하는 것도 도움이 된다. 그 장소의 분위기나 공기, 냄새 등을 상상하며 시뮬레이션을 반복하면 실전에서 어떤 일이 일어나더라도 동요하지 않고 집중을 유지할 수 있다.

♦ 긴장에서 벗어나기 ④ : 세타 리듬을 익힌다

리듬에 맞춰 몸을 움직이는 것도 긴장감에 맞서 집중력을 유지하는 데에 효과가 있다. 뇌에는 알파파, 베타파, 세타파 등 다양한 뇌파(뇌의 신경세포가 가지는 리듬)가 있다. 가장 많이 알려진 것이 기분이 편안하고 안정적일 때에 나타나는 알파파다. 반면 스트레스에 대처하는 해마가 활성화됐을 때에 나타나는 것이 세타파인데, 이 세타 리듬의 특징은 '하나, 둘, 셋, 네-엣' 하고 네 박자와 간격으로 이루어진 싱커페이션 리듬이라는 것이다. 여기서 싱커페이션이란 강박과 약박의 위치를 바꾸어 규칙성에 변화를 준다는 뜻의 음악 용어다. 이러한 세타 리듬에 따라서 몸을 움직이면 긴장상태에서도 무의식적으로 통찰과 직관을 발휘할 수 있다.

육상 단거리에서 경기 후반으로 갈수록 속도를 올리는 우사인 볼트의 달리기도 세타 리듬을 보여준다. 수영이나 스피드 스케이팅 등 많은 종목에서도 동작에 '하나, 두-울' 하고 리듬을 넣어서 경기 후반에 스퍼트를 올리는 방식을 사용하곤 한다. 이 또한 일종의 싱커페이션이다.

세타 리듬을 타면서 몸을 움직이는 동안에 선수들은 무아지경에 빠지고 그 순간에 온전히 집중하게 된다. 마치 30분 이상 달릴 때 느껴지는 러너스 하이처럼 감정중추를 자극해서 기분이 단숨에 좋아지고 고양되는 느낌을 받을 수 있다. 올림픽에서 1위를 차지한 선수가 환호하는 모습을 떠올려보자. 이 외침은 메달을 획득한 기쁨에서 나온 것이라고들 생각하는데, 사실은 무아지경에 빠져서 외친 것이라고도 볼 수 있다. 경기가 끝난 후에도 흥분감에 휩싸여서 자기도 모르게 터져나온 외침이었던 것이다.

실전에서 적정한 긴장 상태를 유지하면서 집중력을 최고로 높여주는 것이 세타 리듬이다. 실제로 세타파는 명상할 때 발생하는 전형적인 뇌파이기도 하다. 세타 리듬의 효과는 올림픽 메달리스트들이 충분히 보여주었다. 실전을 앞두고 긴장 때문에 온몸이 경직되어 있다면 '하나, 둘, 셋, 네-엣' 또는 '하나, 두-울, 셋, 네-엣'의 리듬으로 걸어보자.

세타 리듬의 효과를 극대화하고 싶다면 평소에도 유튜브 등을 통해 세타파 음악을 들으면서 스트레스를 낮추고 집중력은 높아지는 상태를 몸이 기억하게 하자. 명상과 마찬가지로 아무리 좋은 방법이라도 필요할 때만 갑자기 시도한다면 내 몸과 두뇌가 세타 리듬에 익숙해지기 어렵다. 세타 리듬에는 평소의 10분의 1의 노력만으로도 목표했던 업무를 끝마칠 수 있게 이끄는 힘이 있다. 그리고 여러분이 지금부터 그 힘을 온전히 성공을 향하는 데 사용할 수 있기를 바란다.

나는 언제나 최선을 다해 준비하고서도 긴장이 나의 발목을 붙잡고는 했다. 집에 돌아와 아무리 후회를 해봐야 지나간 기회는 다시 오지 않았다. 때로는 긴장이 거대한 산처럼 느껴지기도 하지만 사실 크게 내쉬는 심호흡 한 번에 물러나는 허풍선이기도 하다. 여러분은 여기에서 소개한 네 가지 방법 중 꼭 한 가지는 자신의 것으로 만들기를 바란다.

마감일, 할당량과의
싸움에서 이기는 법

✳

◆ 마감일만 지키면 된다고?

뇌는 명확한 목표를 세우고 기한을 정해서 단숨에 끝내버릴 때야말로 활발하게 기능한다. 벼락치기 공부법이 효과가 있는 것도 사실 뇌에 딱 맞는 방식이기 때문이다. 그런데 이때 목표를 세우는 방식이 올바르지 않으면 뇌가 목표를 향해 곧장 가지 못하고 딴길로 새고 만다. 며칠까지 끝내야 한다거나, 며칠까지 몇 건을 달성해야 한다는 등 기한이 정해져 있을 때 일단 우리는 '일정'을 계획한다. 마감일을 맞추는 것에 초점을 맞춰 그 날짜까지 끝내는 것을 최우선으로 여기지 않는가?

'마감일을 맞추자'는, 과정은 송두리째 무시한 마음만으로는 힘을 온전히 다하지 않는 것이 뇌의 메커니즘이다. 최종 목표는 정해져 있어도 거기에 도달하기까지의 단계별 계획이 구체적이지 않으면 뇌는 작동하지 않는다. 게다가 최종 목표만 정해놓으면 '마감일까지 어떻게든 되겠지'라는 생각에 '오늘은 여기까지만 하자'며 해야 할 일을 미루게 된다. 또 '아직 시간은 있어'라며 마음이 해이해져서, 무의식적으로 집중력을 떨어뜨리는 결과로 이어진다.

그러다가 마감일이 코앞에 다가오면, 이번에는 '큰일 났네. 마감일까지 못 끝낼 것 같아', '못하면 어떡하지'라는 생각이 머릿속을 지배해서 더욱더 집중하기가 어려워진다. 곳곳에 숨어 있는 함정을 피하기 위해서는 최종 목표를 이루기 위해 해야 할 일들을 꼼꼼하게 정리하고 중간중간 작은 목표를 설정하여 얼마나 달성했는지 파악해야 한다.

◆ 해야 할 일을 잘게 쪼갠다

집중력이 만들어지는 자기보상신경군은 자신이 하겠다고 마음먹은 일을 끝까지 해내는 성취감이 보상으로 작용한다고 했다. 심지어 보상을 받을 수 있을 것 같다는 기대감만으로도 힘을 이끌어낼 수 있다. 즉 마음먹은 일을 달성할 수 있을 것 같다고 자신감이 넘칠 때에도 의욕이 생기고 노력하게 되는 메커니즘이다. 이정표 역할을 하는 작은 목표를 몇 가지 정하면 언제까지 무엇을 해야 하는지 명확해지고 달성하기도 쉬워진다. 마음먹은 일을 해낼 수 있을 것 같다는 기대감이 생겨서 훨씬 깊이 있는 사고가 가능해진다.

해야 할 일이 구체적일수록 그 효과는 증폭된다. 스스로 융통성을 발휘할 만한 애매한 목표여서는 안 된다. 중간 목표는 '이번 달안에'나 'ㅇ월까지'처럼 기간이 긴 목표를 설정하기보다 '오늘은 점심시간 전까지 기획안 초안을 작성하자', '오늘은 전화로 영업미팅 약속을 세 건 잡고 미팅에서 사용할 프레젠테이션 자료를 만들자'처럼 해야 할 일을 잘게 나누어 명확하게 하는 편이 좋다.

할 일을 정했다면 종이에 적어서 벽에 붙이고 하루 업무를 시작할 때에 소리 내어 읽는다. 목표가 귀를 통해 뇌로 흘러들어오면 '해내겠다'는 마음을 불러일으켜서 집중해야 할 일에 뛰어들 수 있게 해주기 때문이다. 그러니 '큰일이야! 마감을 못 지킬 것 같아'라는 걱정만 하는 대신 내 소중한 시간을 좀 더 가치 있는 일에 할애할 수 있을 것이다.

일상의 집중력 ❹

장기전에
대응하는 집중법

✳

♦ 타이머에 맞춰서 쉬지 않는다

　예정했던 마감일이 야금야금 늦춰질 때, 머릿속은 오로지 끝을 내는 것으로만 가득 찬다. 작업이 길어질수록 집중력은 그와 반비례한다. 장기전에서도 마지막까지 집중력을 떨어뜨리지 않으려면 어떻게 해야 할까? 25분 공부하고 5분 쉬는 뽀모도로 공부법도 있지만 오히려 '잠깐 쉬고 나면 다시 마음을 잡기가 어렵다'며 고민하는 사람도 많다. 먼저, 휴식을 취하는 방법부터 말하자면, 집중력에 좋은 휴식 방법이라는 건 따로 없다. 스스로 피곤하다고 느낄 때 쉬면 된다. 그렇게 해도 상관없다. 바꿔 말하면, 의욕적으로 몰두하고 있을 때에는 쉬지 않고 계속 일하는 편이 유의미한 결과로 이어진다.

뇌신경외과 공부를 위해 미국으로 유학을 갔을 때, 같은 건물에 노벨의학상을 수상한 교수가 있었다. 어느 날 그가 이틀 연속 밤을 새우며 연구에 몰두해 있는 모습을 보고, "고생이 많으시네요. 너무 무리하지 마세요." 하고 말을 걸었다가 "고생이라니요! 전 지금 그 어느 때보다 두근거리고 행복한 마음으로 연구 중입니다."라며 도리어 혼난 적이 있다. 육체적으로는 힘들더라도 '재미있다', '즐겁다'는 마음으로 집중하고 있다면 뇌는 지치지 않는다. 그 교수가 바로 그런 상태였던 것이다. 의욕적으로 일한다는 것은 '재미있다'고 느끼면서 일한다는 뜻이다. 오랜 시간 일했다고 해서 일부러 휴식시간을 가질 필요는 없다.

또한 업무의 수준을 높이려면 아침 시간을 활용해야 한다. 저녁이 될수록 뇌는 지쳐간다. 낮 동안 우리의 눈과 귀를 통해 여러 정보가 들어오기 때문에 생각이 분산되기 쉽고 무언가를 판단하는 데에 부정적인 요소가 늘어난다. 기획서를 완성하기 위해서

야근을 한다거나 저녁에 회의나 미팅을 잡는 것은 그다지 권장하지 않는다. 우리의 뇌는 자면서 안 좋은 기억을 모두 지우므로 새로운 발상이 필요한 때일수록 아침 시간을 활용하는 것이 좋다. 창의력이 필요한 작업, 기획 회의나 전략 회의 같은 일정은 오전에 두는 것이 좋은 아이디어를 내는 데에 도움이 될 것이다.

◆ 회의시간에 벽지 무늬를 세야 하는 이유

한창 일하고 있는 뇌를 멈추게 하는 것은 지금 하고 있는 일과 관련 없는 생각이나 정보다. 눈앞의 일에 열중하고 있을 때에 거래처에서 전화가 온다. 잠깐 통화한 후에 다시 하던 일로 돌아가려 해도 전만큼 집중이 되지 않아 답답했던 적이 있을 것이다. 이것도 그때까지 하던 일과 관계없는 정보가 머릿속으로 들어오면서 새로운 정보에 순간적으로 반응했기 때문이다.

거래처의 전화처럼 어쩔 수 없는 상황을 제외하면, 일이나 공부를 할 때에는 가능한 한 집중력을 유지하고 싶을 것이다. 회의나 미팅, 또는 창의적인 아이디어를 생각해내야 하는 상황에서 시간이 갈수록 집중력은 떨어지고 생각이 정리되지 않아서 곤란

했던 때도 있을 것이다. 잠깐 한숨 돌리고 싶지만 쉬고 나면 집중력이 떨어질까 봐 쉬지도 못하는 상황. 이런 때에 집중력도 유지하고 사고회로는 멈추지 않으면서 기분만 전환하는 아주 간단한 방법이 있다. 시선을 돌려서 다른 곳을 응시하는 것이다.

무언가를 생각한다는 것은 뇌의 다이내믹 센터 코어에서 여러 정보가 돌아다니는 상태를 의미한다. 특히 긍정적인 라벨이 붙어서 의욕을 불러일으키는 정보일수록 다이내믹 센터 코어의 깊은 곳에서 여러 신경기관을 왕복하고 순환하면서 '사고의 물결'을 일으킨다.

한번 사고의 물결을 탄 정보는 웬만한 일로는 잊히지 않는다. 장기간의 회의로 몸과 뇌는 피로를 느껴도 그때까지 의논한 내용이 긍정의 라벨을 달고 다이내믹 센터 코어를 돌아다니고 있다면 기분을 전환해도 사고회로는 멈추지 않는다. 장소를 바꾸지 않고 같은 환경을 유지한다면 통일성·일관성 본능이 작동하여 시선을 옮겨서 머리를 쉬게 해도 사고의 흐름은 놓치지 않는다.

회의가 늘어질 때, 이야기가 다시 원점으로 돌아왔을 때, 아이디어가 바닥났을 때, 어느 쪽이 좋은지 고민하다가 생각이 멈췄을 때. 이렇게 집중력이 바닥났을 때에 잠깐 창밖의 풍경을 바라보거나, 천천히 움직이는 구름을 눈으로 쫓거나, 천장을 바라보며 벽지의 무늬가 몇 개인지 세는 등 시선을 다른 곳으로 옮겨보자. 작업이 길어질수록 '아직 안 끝났어?', '이 정도면 충분하잖아' 같은 부정적인 생각이 들지 않도록 가끔 시선을 돌려서 휴식시간을 만들어주는 것이 좋다.

위급한 작업부터, 트리아지 집중법

◆ 언제나 손에는 한 가지만 쥔다

　요즘은 다른 일을 여러 개 맡아서 병행하거나 많은 업무를 동시에 처리하는 것이 당연시되고 있다. 여러 가지 일을 동시에 진행하는 멀티태스킹은 효율적으로 보이기도 하지만, '이것도 해야 하고, 저것도 해야 해' 하는 부담에 짓눌리는 경우가 많은 것도 사실이다. 실제로는 마음만큼 어느 것 하나 순조롭게 진행되지 않을 때가 많다.

사실, 멀티태스킹은 애초부터 뇌의 메커니즘에 어울리는 방식이 아니다. 여러 작업을 동시에 진행한다는 것은 서로 다른 일을 동시에 한다는 뜻이다. 이는 한 가지를 겨냥하여 몰두하는 것을 좋아하는 통일성·일관성 본능에 반하는 것이므로 계속해서 머릿속에 정체를 일으킨다. 그리고 뇌는 새로운 정보에 반응하는 특성이 있으므로 내용이 서로 다른 작업을 연달아 해야 하는 멀티태스킹에서는 오히려 한 가지 일에 진득하게 집중하지 못한다. '이것부터 해놓는 게 도움이 된다', '얻을 게 없는 일은 나중으로 미루자'며 계속 이익과 손해를 계산하게 되니 집중력에도 제동이 걸린다. 뇌가 활발하게 기능하도록 만드는 원칙은 한 가지를 겨냥해서 열중하는 것이다. 여러 가지 일을 동시에 해야 하는 때일수록 할 일에 우선순위를 정하고 한 가지에만 집중하는 편이 효율적이다.

응급의료 현장에서는 동시에 많은 환자들이 발생하는 경우가 많다. 인력이나 의약품 등 자원은 한정된 상황이라면 한 사람이라도 더 많은 생명을 구하기 위하여 생존 확률이 높은 사람을 우선적으로 치료하는 트리아지(triage)를 시행한다. 환자의 증상과 위급한 정도에 맞춰 치료가 이루어지고 보다 많은 인명을 구할 수 있는 효율적인 방법이다. 그러니 여러 일을 동시에 해야 하는 상황에 처한다면, 한정된 자원으로 많은 효과를 얻을 수 있는 트리아지에서 힌트를 얻기 바란다.

이제부터는 우선순위를 정하는 방법을 구체적으로 살펴보자. 먼저, 해야 할 일을 종이에 모두 적는다. 그리고 그중에서 중요도나 마감일에 따라 무엇부터 해결할지 순서를 정한다. 마지막으로 언제까지 달성할지 기한을 정한다. 이때 일정은 3일 이내로 잡는 것을 기본으로 한다. 5장에서 자세하게 설명하겠지만, 3일을 기준으로 하는 이유는 뇌 속의 정보는 3일 주기로 정리되기 때문이다. 즉 한번 인식된 정보가 잊히기 전에 문제를 해결하면 처리 효과와 처리 속도를 둘 다 높일 수 있다. 곧바로 끝낼 수 있어야 뇌도 보상을 얻는다.

여러 가지 업무 중에서 우선순위를 정하고 하나씩 해결하는 데에 온 힘을 쏟으면 집중력은 높아진다. 작업속도가 저절로 빨라지는 것은 물론, 열심히는 하는데 마음만큼 진도가 눈에 보이지 않아 답답했던 상태도 개선할 수 있다.

♦ 일상생활에서도 속전속결

또 한 가지 기억해야 할 점은 빠르게 결정을 내리는 결단력과 결정한 바는 바로 행동에 옮기는 실행력을 평소에 키워두는 것이다. 결단력이 없으면 우선순위를 정하는 단계에서부터 어려움을 겪는다. 실행력이 부족하면 해야 할 일을 정해두고도 바로 행동하지 못한다. 이 두 가지 힘을 키우는 것은 공부나 업무, 나아가 인생의 결정적 순간에 도움이 된다.

결단력과 실행력을 키우기 위해서 무언가 대단한 의지나 용기가 필요한 것은 아니다. 먼저 일상의 사소한 것들부터 바로 결정하고 바로 실행하는 습관을 들이자. 나는 쇼핑을 할 때에 언제나 빠르게 결정한다. '이게 좋겠다'는 생각이 든다면 다른 제품을 더 찾아보지 않는다. 다른 곳에 더 좋은 물건이 있을 것 같아도 '지금은 이걸로 충분해' 하고 생각하면서 망설임 없이 바로 구입한다. 시간도 아끼고 후회도 줄일 수 있다.

뇌신경외과의 업무는 결정과 실행으로 이루어져 있다. '더 좋은 방법이 있는 건 아닐까' 고민에 빠지는 순간, 충분히 구할 수 있었던 환자를 살리지 못하는 사태가 벌어진다. 순간적으로 정확한 판단이 요구되는 일을 하는 만큼, 일상의 사소한 일에서부터 의식적으로 바로 결정하고 바로 행동하면서 결단력과 실행력을 키워왔다. 그것이 습관이 되어 일선에서 물러난 지금도 무언가를 결정해야 하는 상황에 처하면 지체 없이 결정을 내린다.

이런 능력은 여러분도 일상에서 얼마든지 연습해볼 수 있다. 예를 들어 점심 메뉴를 정할 때에 이것도 좋고 저것도 좋아서 망설여왔다면, 거기서부터 바꾸어나가자. 쇼핑을 할 때에도 야무진 사람이라면 비교하고 검토하는 데에 시간을 많이 할애하는 경향이 있다. 어느 쪽을 선택할지 고민하는 시간을 줄이고, 더 좋은 것이 있을지도 모른다고 의심하는 버릇을 고치며, 곧바로 결정하자고 마음먹는 것만으로도 고민과 후회는 크게 덜어내고 삶의 질을 높일 수 있다.

마감을 앞둔 사람을 위한
집중력 긴급 처방

◆ 마감을 못 지킬 것 같아서 불안하다면

어떻게 해서든 정해진 시간 안에 끝내야 할 때, 이대로 가다가는 마감을 지킬 수 없을 것 같을 때. 이렇게 다급한 상황일수록 집중력은 떨어지기 쉽다. 우리의 뇌는 할 수 없다고 생각하면 할 수 없고, 이길 수 있다고 생각하면 이길 수 있다. 더 이상 물러설 곳이 없다고 생각될 때에는 전진할지, 한 걸음 물러나 그 상황에서 벗어날지 차분하게 결정해야 한다. 집중력이 생기는 것도 뇌가 활발하게 기능하는 것도, 신기할 정도로 모두 마음먹기에 달려 있다. 전진할지 물러날지 둘 중 하나를 선택하지 않는다면 그저 계속 불안할 뿐이라서 상황은 나아지지 않는다.

나는 선수들에게 운동경기에서 이길 수 없을 것 같다는 생각이 든다면, '끝날 때까지는 아직 끝난 게 아니다. 나에게는 마지막 15초가 남았다'고 다시 전의를 불태우라고 조언했다. 아니면 머릿속에 떠오른 패배감을 거스르기 위해 잠시 소리를 내어 '나는 이길 수 있다'라고 주문을 외게 했다.

'어려워', '못할 것 같아'라는 패배감에 사로잡힐 때, 지금 있는 장소를 벗어나서 일단 호흡을 가다듬는다. '지금 나는 원래의 나답지 않아'라고 제3자의 눈으로 자신을 분석하는 것도 효과가 있다. 자기분석으로 감정에 휩쓸리는 것을 막을 수 있고 두려움에 굳어 있던 뇌를 다시 움직일 수 있다.

또한 '어떻게 해야 해결할 수 있을까'를 고민하고 또 고민해야 상황을 진전시킬 수 있다. '주어진 시간 안에 끝내려면 무엇을 언제까지 해야 할까'를 세부적으로 들여다보면 집중하는 힘도 생겨난다. 또 한 가지 기억해야 할 점은 완벽을 목표로 하지 않는 것이다. 이 말은 적당히 하고 끝내라는 뜻이 아니다. 전체 개요를 파악한 후에 일을 시작하고, 모든 과정을 한 번 거친 후에, 세부적인 항목은 다시 보면서 해결하라는 의미다.

멀티태스킹은 심리적으로 일이 많이 진전된 것 같은 느낌을 준다. 하지만 그건 느낌일 뿐이다. 오히려 시간 제약이 있을수록 먼저 전체를 파악한 후에 세부적인 것으로 파고들어야 한다. 그래야 세부적인 단계를 지나고 있을 때도 방향을 잃지 않으며 마음에 여유도 생기고 위급한 때에 소중한 시간을 허투루 낭비하는 것을 막는다.

◆ 모든 것을 걸어서 끝까지 해내겠다

이 장의 마지막에는 필요한 때에 순간적으로 집중력을 발휘하기 위하여 꼭 기억해야 하는 마음가짐에 대해서 말하려고 한다. 바로 '모든 것을 걸어 끝까지 해내겠다'는 마음이다. 그런 마음은 폭발적인 집중력을 만들어내는 원동력이 된다.

나는 환자의 목숨을 구하기 위해 언제나 '이 수술을 성공시킬 수 있는 사람은 나뿐이다'라는 생각으로 수술실에 들어간다. '모든 사람들이 포기하더라도 나는 마지막까지 절대로 포기하지 않는다'는 각오로 수술에 임한다. 나에게 승부란 환자를 살릴 수 있는지 없는지다. 승부이기는 하지만 나는 이기고 지는 것이 아니라 어떻게 해야 압도적으로 이길 수 있을지를 생각했다. 적당히란 없다. 이기는 방법, 즉 생명을 구하기 위해 어떻게 기술을 닦고 획기적인 방법을 찾을 것인지만 연구했다.

반드시 구하고 말겠다는 생각을 하게 된 것은 환자의 목숨이 걸린 절체절명의 상황에서 가능한 모든 처치를 했음에도 불구하고 환자를 살릴 수 없었던 경험 이후부터다. 반드시 구하고 말겠다고 결심한 후부터는 어떤 처치든 어떤 상황에서든 완벽하게 구현할 수 있을 때까지 연습을 반복했다. '내가 하는 일에 있어서는 누구에게도 지지 않겠다'고 다짐했기 때문에 집중은 자연히 뒤따라왔다. 수술실에서는 험악한 얼굴로 돌변한다는 이야기를 들을 정도로 수술이라는 나 자신과의 승부에 진지하게 임했다.

운동경기가 시작되면 선수들의 표정이 순식간에 바뀌는 모습을 본 적이 있을 것이다. 방금 전까지만 해도 평온한 얼굴이었는

데 성격이 바뀐 것처럼 보일 만큼 갑자기 진지한 얼굴이 된다. 어떤 일이든 단숨에 끝낼 수 있는 굉장한 집중력을 발휘할 수 있는 것도 '이 승부에서는 누구도 나를 따라올 수 없다', '모든 것을 걸고 해내고 말겠다'는 강인한 의지 때문이다.

언제든 원하는 때에 이렇게 폭발적인 집중의 힘을 끌어낼 수 있다면 걱정할 것 없다. '모든 것을 걸고 해내고 말겠다', '내가 하는 일에 있어서는 누구에게도 지지 않겠다'는 마음은 이제껏 상상하지 못한 잠재력을 이끌어낸다. 그만큼 인간의 뇌는 어마어마한 미지의 영역을 품고 있다.

4장

무의식적 집중력을 부르는 말의 힘

—

반드시 해내는 사람의 집중 습관

'끝나간다'는
생각 금지

✦ 안전한 길을 택한 순간, 마음은 해이해진다

부정적인 표현을 사용하거나 미리 보상을 받으면 무의식적으로 집중력이 떨어진다는 사실은 앞서 설명했다. 집중력은 자기보상신경군에서 만들어진 '해내겠다'는 마음에서 시작된다. 다시 말해, 집중력이 떨어지는 것은 해내겠다는 마음이 줄어들고 있다는 의미다. 마음이 해이해지거나 긴장이 풀린 것 같다면 의욕이 바닥난 상태이므로 이런 때에 집중력이 생길 리가 없다.

골프에 비유하자면, '이 코스는 어려울 것 같아', '맞바람이 부니까 힘들겠는걸', '왼쪽 내리막에는 약한데' 하고 생각한 순간부터 샷이 빗나가고, '앗, 땅을 쳤어', '핀 가까이에 붙이려다 실패했어' 같은 생각이 들면 플레이가 엉망이 되고 만다. 이 또한 부정적인 생각을 하는 바람에 자신감이 떨어지고 집중력도 흐려진 결과다. 골프뿐만 아니라, 일이든 관계든 마찬가지다. 결과가 좋지 않았다면 열에 아홉은 마음이 해이해진 상태라고 봐도 무방하다.

의욕이 떨어지게 만드는 요인은 여러 가지다. 부정적인 말을 사용하는 것은 말할 것도 없고, '이미 망한 것 같은데'라며 낙담하고, '저 사람이 실수하지 않을까' 하며 상대방의 실패를 기대하는 것도 해당한다. 그리고 '여기서는 안전하게 가자', '실패하지 않도록 신중하자'라며 안전한 길을 택하는 것도 무의식적으로 마음이 해이해지는 결과를 초래한다. 야구 경기에서 투수가 '지금 볼넷을 내면 안 되니까'라고 생각하며 스트라이크를 노리고 던지면 안타깝게도 시원하게 안타를 맞고 만다. 안전한 길을 택하느라 공을 던지는 데에 모아야 할 집중력이 분산되었기 때문이다.

일반적으로 안전하게 가는 것은 위험 부담을 줄이고 확실하게 성공하기 위한 전략이라고 받아들여진다. 틀린 말은 아니지만, 거기에는 '실패하고 싶지 않아', '지기 싫어'라는 부정적인 감정이나 이익과 손해를 따지는 마음이 담기기 쉽다. 그러면 무의식적으로 정작 승부 자체에 전력을 다하기는 힘든 상태로 자신을 몰아넣는 꼴이 된다. 안전하게 가자고 생각하는 사람은 이번 경쟁에서 반드시 승리하겠다는 강인한 의지로 맞서는 사람에게 절대로 이길 수 없다. 똑똑한 사람일수록 손익을 따진다. 손해 보는 것을 두려워해서 안전한 길을 택하고 싶어하는데 그런 생각을 한 순간부터 승리는 멀어지는 법이다.

♦ 이제부터가 진짜라고 생각한다

일이든 공부든 운동이든 '이 정도 했으면 됐다', '이제 조금만 더하면 끝이다'라고 생각한 순간부터 능률이 떨어진다. 마지막이나 목표를 의식하면 그때부터 열심히 해야겠다는 의욕은 작동을 멈춘다. '이제 거의 끝났어'라는 생각을 갖는 순간 마음은 이미 끝난 것처럼 해이해지고 '더 이상 노력하지 않아도 된다'고 판단한다. 그러니 마지막까지 긴장의 끈을 놓지 않도록 주의해야 한다.

그렇다고는 해도 끝이 보이는 때에 '이제 곧 끝난다', '조금만 더 하면 돼' 하는 생각을 멈출 수 없다면 마음가짐을 바꿔보자. '이제부터가 중요하다'라고 생각하는 것이다. 끝이 보이기 시작한다는 것은 반대로 생각하면 아직 할 일이 남았다는 뜻이다. 그러니 해야 할 일에 집중해서 '지금부터가 마지막 단계다'라고 생각하고 남은 업무를 완성하는 데에 힘을 쏟아보자. 극적인 역전승은 대개 경기가 종료되기 10분 전에 일어난다. 이렇게 마음가짐을 바꾸면 집중력의 질이 달라진다.

올림픽 수영 국가대표 선수들에게 했던 조언 중 하나가, 10미터가 남은 지점에서 여기부터가 나만의 무대라고 생각하고 모든 능력을 총동원하여 승부를 걸라는 것이었다. 한 수영 선수는 마지막 10미터에 자신의 이름을 따서 불렀고, 거기에 들어서면 압도적으로 치고 나가 승리하는 모습을 상상했다. 그리고 결승점을 터치한 후에 전광판의 등수를 확인하는 것까지를 마지막 단계라고 생각하고 경기에 임했다. 그렇게 마지막의 마지막 순간까지 긴장을 늦추지 않았던 것이다.

꾸준히 신중하고 조심스럽게 나아가기보다, 마지막까지 전력투구한다는 마음으로 단숨에 뛰어들자. '이제 조금만 더 하면 된다', '거의 끝나간다'가 아니라, '이제부터가 진짜다'라는 마음가짐이다. 그러면 최후의 순간까지 방심하는 것을 막을 수 있고, 나아가 자신도 모르게 고도의 집중력을 발휘하게 된다.

지금은 불가능하지만
결국엔 이룰 것이다

♦ '절대 못해'가 아니라 '지금은 못하지만'

만약 누군가가 당신에게 10센티미터가 넘는 두께의 책을 주면서 "이 책을 읽고 30분 안에 1만 자 이상의 감상문을 쓰세요."라고 한다면 어떻겠는가? 대부분의 사람들은 책을 본 순간 '절대 못하지', '가능할 리가 없잖아'라며 포기하는 마음부터 들 것이다. 책을 펼쳐는 보지만 글자가 머릿속에 들어오지 않을 것이고, 한 글자도 쓰지 못한 채 시간만 보낼 것이다.

어렵지만 해야만 하는 일을 우리는 일상에서 자주 맞닥뜨린다. 그리고 그런 상황을 어떤 자세로 어떻게 헤쳐나가는지에 따라서 결과는 천차만별이다. '못할 것 같은데', '불가능하지' 하고 생각한 순간에 우리는 스스로를 실패하게 만든다. 집중력을 발휘하여 끝까지 해내고야 말겠다는 의욕도 생기지 않는다.

업무나 공부를 할 때에 부담스럽고 해낼 수 없을 것 같은 일에 도전해야 하는 순간, 처음부터 안 될 것 같다고 생각하면 우리의 마음도 벽을 세워버린다. 무의식적으로 마음이 해이해지고 기대했던 결과는 꿈도 꿀 수 없게 된다.

♦ '효율'은 집중을 떨어뜨린다

이런 상황에서 집중력을 발휘하려면 가장 먼저 처음부터 포기하지 말고 '그래, 할 수 있는 데까지 해보자'라는 마음을 먹어야 한다. 그러고 나서 어떻게 하면 효율적으로 할 수 있을지 요령을 부리는 대신, '무엇을, 어느 정도로, 언제까지 할 것인지' 기한을 정하고 구체적인 목표를 세워 전력을 다해야 한다. 이때 중요한 것은 '반드시 끝낼 수 있다'는 믿음, '지금은 못하지만 결국 할 수 있게 된다'는 믿음이다.

내가 지금까지 만난 세계적인 인재들은 결국은 이루고 말 것이
라는 마음으로 어려운 문제에 끈질기게 매달린 사람들이었다. 미
국 유학 시절에 만난 노벨의학상 수상자, 세계 대회에서 이름을
날린 메달리스트들도 마찬가지였다. 노력하지 않으면서 요행을
바라지 않고, 대신 어떻게 보면 쓸데없는 일을 반복하면서 결정
적인 순간에 멋진 성과를 일구어냈다.

해결할 수 없을 것 같은 문제에 직면했을 때 '못할 것 같아'라
는 생각보다 '계속 시도하다 보면 언젠가는 할 수 있겠지'라고 생
각하는 것은 생각보다 나에게 큰 힘이 된다. '비록 지금은 부족하
지만 마지막에 빛나는 사람은 내가 될 거야'라는 강한 믿음을 가
지고 노력하면 내 안에 숨어 있던 집중력이 살아나고 실력도 늘
어날 것이다. 사실 그런 마음으로 노력할 때의 집중력은 가히 놀
랄 만한 수준이다. '자신 없었는데 정신을 차리고 보니 어느새 해
냈다'는 생각이 들 정도다.

 무의식적 집중력 ❸

작은 성공 경험이
집중력을 키운다

✦ '해냈다'는 경험의 소중함

무언가를 시작하기 전부터 '난 못해', '내가 그걸 어떻게 해' 하
는 생각부터 드는 것은, 과거에 열심히 했는데도 결과가 좋지 않
았거나 아무리 노력해도 성과를 얻지 못했던 실패 경험의 흔적이
다. 경험에서 우러나와 불가능할 것 같은 일에서 뇌가 자신을 보
호하려고 하는 것이다.

이는 자신을 믿지 못하는 것이 원인이므로 자신감을 가질 수

있는 성공 경험을 쌓는 것이 확실한 해결책이 된다. 꼭 업무나 공부와 관련이 없더라도 아주 사소한 일부터 시작해서 해냈다는 성취감을 맛보면 뇌는 기쁨과 즐거움을 얻는다. '이런 기쁨을 다음에 또 경험하고 싶다'는 보상을 기대하는 메커니즘도 작동하여 의욕이 생겨나고, 해냈다는 성취감은 계속 쌓인다. 이런 식으로 자신감을 키우는 습관을 만든다면, 실패가 두려워서 '어려워', '못해'라고 지레 포기하는 일은 줄어들 것이다.

♦ 소소하지만 확실한 성공을 늘린다

성공 경험을 늘리는 확실한 비법이 있다. 바로 반드시 달성할 수 있는 수준의 목표에서부터 시작하는 것이다. 아이를 키울 때에도 아이의 성공 경험은 공부를 향한 의욕과 자신을 향한 믿음을 키워주고, 이는 자존감으로 곧장 이어진다. 나는 부모나 교육자들에게 초등학교 4학년 아이에게 2학년 수준의 문제를 풀게 하기를 추천한다. 쉬운 문제를 풀면 '해냈다', '알았다'는 성취감을 느끼게 되고, 이러한 경험이 의욕, 자신감, 집중력을 키우는 데에 효과를 발휘하기 때문이다.

성인의 경우에는, 최종적으로 달성해야 할 목표가 있을 때 그것을 이루는 데 필요한 몇 가지 작은 목표를 설정하고 각각의 마감 기한을 정한 후에 하나씩 처리하는 방법이 있다. 이때 확실하게 해낼 수 있는 일을 목표로 설정하는 것이 중요하다. 아무리 작고 사소한 일이라도 '제대로 해냈다'고 느끼는 것 자체가 하나의 성공 경험이 되기 때문이다.

자신의 강점에 초점을 맞추어 누구에게도 지지 않을 수준까지 발전시키는 것을 목표로 하여 자신감을 붙이는 방법도 있다. 예를 들어 사람들 앞에서 말하는 것을 어려워해서 신규 고객을 유치하지 못하는 영업사원이 있다고 하자. 능숙하게 이야기하는 것은 못하지만 자료를 만드는 것은 자신이 있다면, 다른 사람이 흉내 내지 못할 수준으로 완벽하고 이해하기 쉬운 제안서를 만드는 기술을 목표로 삼을 수 있다. 프레젠테이션이나 고객과의 미팅에서 그 제안서를 적극적으로 활용하고, 그러면서 자기만의 방식을 조금씩 구축한다면 어디서든 자신의 가치를 차별화할 수 있을 것이다.

우리는 대체로 겸손을 미덕으로 알고 자라와서 칭찬을 들어도

'에이, 이 정도 하는 사람은 많아', '별거 아니야'라며 스스로를 낮춰왔다. 이제부터는 아주 간단하고 쉬운 일이라도 해낸 자신에게 칭찬 세례를 쏟아주자. 쑥쓰럽다면 속으로만 해줘도 좋다. 사소한 성공 경험이라도 꾸준히 쌓이면 자신을 향한 단단한 신뢰로 이어진다. 해본 적 없는 과제에 맞닥뜨려도 '못할 것 같아'라는 생각 대신 '어떻게든 해낼 수 있어'라는 긍정적인 자세로 맞선다면 이제껏 기대한 적 없었던 놀라운 성과를 얻을 수 있을 것이다.

반복과 루틴이
미세한 차이를 가른다

◆ 아주 작은 차이를 가려내는 힘

프로야구팀 요미우리 자이언츠의 감독을 맡아 1965년부터 1973년까지 9년 연속 일본 시리즈 우승을 기록하며 황금기를 이끌었던 감독이 '타격의 신'이라 불리던 현역시절에 남긴 유명한 말이 있다. "날아오는 공이 멈춰 있는 것처럼 보였다."

상식적으로 날아오는 공이 멈춰 있는 것처럼 보이는 것은 있을 수 없는 일이다. 하지만 뇌과학의 관점에서 봤을 때, 뛰어난 타격

감과 엄청난 집중력을 갖춘 사람이라면 멈춰 있는 것처럼 인식할 정도로 날아오는 공의 움직임을 자세하게 파악하는 것이 아예 불가능한 일은 아니다.

순간적인 판단력도 뛰어난 집중력이 있어야 생긴다는 사실을 잊어서는 안 된다. 판단력이란 같은 것과 균형 잡힌 것을 선호하는 전전두엽의 통일성·일관성 본능에서 만들어진다. 뇌는 평소와 다르다고 판단한 것에는 절대로 집중하지 않는다. 그래서 평범한 사람은 눈치 채지 못할 정도로 아주 작은 차이를 가려내기 위해서는 그만큼 높은 집중력이 필요하다. 이렇듯 판단력과 집중력은 서로 영향을 주고받는다.

일반적으로 판단력이라고 하면 A인지 B인지 선택하는 능력이라고 생각하는데, 판단력의 진짜 의미는 '아주 작은 차이를 순간적으로 판별하는 능력'이다. 짧은 시간에 차이를 가려내어 더 조화로운 것, 더 어울리는 것을 선택하고, 거기에 집중하여 능력을 발휘하는 것이 뇌과학의 관점에서 보는 성공의 메커니즘이다.

많은 운동선수들을 만나 대화를 나누면서, 순간적인 판단력을 연마하지 않으면 집중력은 생기지 않고 최선의 결정을 내리기도 어렵다는 사실을 실감했다. 이 점을 이해한다면 아주 작은 차이를 분별해내는 감각을 키우는 것이 집중력을 발휘하는 데에도 얼마나 중요한지 깨달을 수 있다.

◆ 같은 행동을 반복하는 훈련법

통일성·일관성 본능은 같은 행동을 반복함으로써 단련할 수 있다. 즉 어떤 행동 패턴을 습관으로 만드는 것은 본능의 본질을 다지는 효과적인 방법이다. 한 야구선수는 야구뿐만 아니라 일상생활에서도 몇 시에 일어나 몇 시간 동안 운동을 하는 등 특정한 행동 루틴을 철저하게 지킨다고 한다. 타석에 들어섰을 때의 집중력이나 순간적인 판단력을 포함해 뛰어난 실력은 그러한 루틴을 기반으로 만들어진 것이라고 해도 과언이 아니다.

여러분도 통일성·일관성 본능을 단련하여 집중력을 키우고 싶다면 출근하기 전에 3분 명상하기, 밤 11시부터 30분 책 읽기, 공부나 업무를 시작하기 전에 똑같은 음악을 듣기처럼 몇 가지 행동 루틴을 정해두는 것을 추천한다. 업무 능력을 개발하고 싶다면 업무 매뉴얼이나 관련 서적 한 권을 반복해서 읽기, 역할극으로 대화법을 연습하기 등 기본적인 기술을 갈고닦는 것도 본능을 연마하는 데에 도움이 된다.

같은 행동을 반복하라고 하면 '그런 건 쓸데없는 짓이잖아. 더 효율적인 방법이 없을까?' 하고 생각하기 쉬운데, 나는 '쓸데없는 짓'이 사람을 변화시킨다고 생각한다. 재능은 쓸데없는 행동을 쓸데없다고 무시하지 않고 진지하게 여기는 데에서 시작한다. 야구선수에게 기본 동작이 중요하듯이, 포기하지 않고 같은 행동을 수없이 반복할 수 있는 사람이 아주 미세한 차이까지 구별하는 능력을 기를 수 있다. 그런 사람이 최종적으로는 남들과는 다른 재능을 얻을 수 있다.

꾸준히 하기보다
단숨에 도약하기

◆ 꾸준함이라는 함정

꾸준함은 오래된 미덕이다. 많은 사람들이 '공부는 꾸준히 해야 해', '꾸준히 연습하면 돼'라는 말을 들으며 자라왔을 것이다. 물론 오랫동안 반복하여 경험을 쌓는 것은 중요하다. '꾸준히'에는 한 걸음 한 걸음 착실하게 나아가는 것이 중요하다는 의미가 담겨 있다. 하지만 집중력을 발휘하는 데에 꾸준함이 언제나 좋은 영향만 주는 것은 아니다.

'꾸준히'나 '한 걸음씩 나아간다'의 이면에는 실패하지 않도록 신중하게 조금씩 하자는 마음이 숨어 있다. 즉 실패가 두려워서 피하고 싶으니까, 매일 조금씩 안전하게 진행하는 것이 좋다거나 한 걸음씩 천천히 나아가자고 생각하는 것이다. 여기까지 읽은 독자들이라면 이미 알고 있겠지만, '꾸준히'나 '한 걸음씩 나아간다'에는 '실패하고 싶지 않다'는 부정적인 기운이, '신중하게 하자'에는 더 잘될 가능성보다 안전한 길을 선택하려는 마음이 담겨 있다. 조금이라도 부정적인 마음이 깔려 있다면 집중력이 생길 리가 없다.

게다가 꾸준히, 한 걸음씩 천천히 가다 보면 마지막을 의식하기 쉬워진다. '조금만 더 하면 끝이다', '이제야 끝이 보인다'며 마지막을 의식하는 순간, 자기보상신경군은 활동을 멈춘다. 의욕이 없어지니 마지막까지 최선을 다할 힘이 생기지 않고, '거의 다 됐으니까 이쯤 해도 충분하겠지'라는 함정에 빠지기 쉬워진다. 이렇게 '꾸준히'와 '한 걸음씩 나아간다'에는 집중력을 떨어뜨리는 온갖 요인들이 숨어 있다.

앞서 말했듯이, 반복해서 경험을 쌓는 것 자체는 두뇌를 개발하는 데에 중요한 역할을 한다. 다만 '꾸준히'처럼 오랜 시간을 들여 조금씩 천천히 반복하는 것이 아니라, 어떤 목표를 향해 단숨에 도약한다는 생각으로 반복하는 것이 중요하다. 분명히 해야 할 점은, 무언가에 열중하여 노력할 때의 최종 목적은 끝까지 해내는 것, 목표를 달성하는 것이다. 그러기 위해서는 집중하기 쉬운 상황을 조성해야 한다. 뇌의 메커니즘에서 보면 목표를 명확하게 하고 언제까지 끝낼 것인지 기한을 정한 후에 단숨에 도약하는 것이 최선의 방법이다.

앞서 소개한, 100세가 넘는 고령에도 병원에서 현역으로 활약했던 의사는 이러한 방식을 몸소 실천한 인물이다. 그는 무언가를 할 때에는 반드시 끝내야 할 시간을 정하고 절대로 다음 날로 넘기지 않는 것을 신조로 삼았다. 시간 안에 끝내기 위해 차 안에서 원고를 쓰는 모습을 몇 번이나 보았다. 자신과의 약속을 철저하게 지켰기 때문에 빠른 속도로 업무를 진행하고 완벽하게 처리하여 주어진 시간을 남들보다 두 배, 세 배는 더 효율적으로 사용할 수 있었다.

응급의료센터에서 의식을 잃고 혼수상태에 빠진 환자들을 살리기 위한 치료법을 찾으려고 몰두해 있던 때에, 나 역시 기한을 정하고 곧바로 실행하는 것을 응급의료센터의 규칙으로 정했다. 어떤 문제를 두고 100점 만점에 30점만큼만 해결했다면, 나머지 70점에 해당하는 것이 무엇인지 정리하고, '이 문제와 저 문제는 우리가 힘을 모아 해결해서 3일 후에는 60점으로 만들자'고 모든 직원들과 의지를 다졌다. 그리고 60점을 달성한 후에는 다시 3일 후에 90점을 목표로 하면서 성과를 쌓아갔다. 모두가 목표에 따라와주었기에 뇌저온치료를 개발할 수 있었고, 생존하기 어려울 것이라고 여겨졌던 환자들 중 40퍼센트를 사회로 복귀시킬 수 있었다.

◆ 목표 시간을 반으로 줄인다

미국으로 유학을 갔을 때에 스스로 결심한 것이 있다. 바로 다른 사람들이 한 시간 동안 공부하는 것을 나는 30분 만에 끝내겠다는 것이었다. 시간을 반으로 줄이면 같은 시간 동안 공부하는 양은 두 배가 된다. 그러려면 속도를 두 배로 올려야 한다. 물론 처음에는 절대 쉽지 않다. 하지만 무리라고 생각되더라도 직접 실천해보면 우리가 업무 시간에 무의식적으로 낭비하는 시간이 얼마나 많았는지 새삼 깨닫게 된다. 그것을 습관으로 들이면 어떤 일을 할 때든 속도는 두 배가 되고, 공부든 일이든 다른 사람보다 두 배의 양을 해낼 수 있게 된다. 속도를 높이려면 당연히 집중해야 했으므로 그때의 컨디션을 몸으로 익히는 기술도 생겼다.

'다른 사람에게 자신의 목표를 알림으로써 해야만 하는 상황에 자신을 몰아넣으면 집중할 수 있다'고 말하는 사람이 있다. 뇌의 메커니즘에서 생각해보면 오히려 도움이 안 되는 방법이다. 그 속에는 '이만큼만 해도 체면치레할 정도는 되겠지'라며 안전한 길을 선택하는 마음이 깔려 있어서 무의식적으로 집중력이 떨어지기 때문이다. 그것보다는 기한을 정하고 '다른 사람보다 시간을 절반만 들여서 해내겠다'고 결심하는 편이 할 일을 미루지 않고 목표까지 단숨에 내달리게 해준다.

'부정'은
'부정'으로 막는다

◆ '……라는 생각이 들었지만'이라고 부정하기

집중력을 떨어뜨리지 않기 위해서는 무의식적으로 해이해지는 말이나 생각을 피하는 것이 중요하다고 했는데, 그것을 100퍼센트 완벽하게 지키기란 어렵다. 머리로는 알고 있어도 '못하겠어', '큰일이네', '안 될 것 같아', '이 정도면 됐겠지', '왜 해야 하지?' 같은 부정적인 마음이 불쑥 튀어나오기도 한다. 그럴 때에 이런 생각을 막는 방법이 있다. "~라는 생각이 들었지만 나는 할 수 있어!"라고 소리 내어 말하는 것이다.

예를 들어, 퇴근 시간이 다 되어서 "이것 좀 정리해줘."라며 자료 작성을 부탁받았다고 하자. 퇴근 후에 약속이 있었는데 갑자기 계획이 다 어그러졌다. 그런 때에 '왜 내가 이런 일을 해야 해'라는 생각이 든다면, 곧장 "'왜 내가 이런 일을 해야 해'라는 생각이 들었지만, 마음을 가라앉히고 가능한 한 빨리 끝내는 데 집중하자."라고 자신을 향해서 말해보자.

> **"~라는 생각이 들었지만, 집중해서 ○시까지 끝내자"**
>
> **"~라는 생각이 들었지만, 무슨 일이 있어도 한 시간 안에 마치자"**
>
> **"~라는 생각이 들었지만, 한 마디도 빠짐없이 이야기를 경청하자"**

이렇게 구체적인 표현으로 언어중추의 힘을 사용하면 부정적인 생각에 사로잡히려 했던 머릿속 움직임들이 다시 해야 할 일을 향할 수 있도록 안내해준다. 앞서 부정적인 표현을 입 밖으로 내면 뇌는 하나도 놓치지 않고 듣기 때문에 의욕이 떨어진다고 설명했다. 이런 메커니즘을 반대로 활용하여 뇌의 능력을 향상시키는 것이 '부정을 부정하는' 방법이다.

프로야구 선수가 미국 진출을 앞두고 뇌과학의 관점에서 공을 집중해서 던지는 방법을 알려달라며 찾아온 적이 있다. 나는 경기에서 한창 이기고 있는데 동료가 실수를 했을 때, '큰일 났다'는 생각이 들었다면 마운드에서 한 걸음 물러나 "지난번에 저 녀석에게 도움을 받았으니 이번에는 내가 구해줘야겠어."라고 말한 후에 다시 마운드에 오르라고 이야기했다. 이것은 잠시 그 장소에서 벗어나 환경을 바꾸어서 통일성·일관성 본능을 거스르고, 순간적으로 들었던 부정적인 생각을 언어중추의 힘을 사용하여 막아내고 다시 의욕을 되돌리는 방법이다.

◆ 부정적인 태도를 지운다

다만 주의해야 할 점이 있다. 위에서 동료를 위한 행동은 관계 본능과 관련이 있고 도움을 주고 싶은 마음에서 출발한 것이기 때문에 효과가 있지만, '이건 나에게 도움이 되는 일이니까'라고 말하는 것은 이익과 손해를 따지는 것이기 때문에 집중력으로 이어지지 않는다.

자신감이 떨어지고 부담을 이겨내기가 힘들 때, 언어중추의 힘을 사용하여 부정적인 분위기를 지우고 집중력을 높이려면 '나는 할 수 있다'라고 스스로에게 들려주자. 긍정적인 메시지를 뇌에게 들려주는 습관을 들이면 뇌는 바로 반응을 돌려준다. 두뇌를 자극하는 스위치를 켜는 방법은 아주 간단하다. 우리는 말의 힘으로 언제든지 집중력을 끌어올릴 수 있는 사람이 된다.

5장

기대를 끌어당기는 무아지경의 집중력

—

한계를 넘어 기대 이상의 성과를 이끌어내는 집중 습관

내가 주도하는
마이 존을 상상한다

✳

♦ 나만의 공간을 만든다

　마이 존이라는 말을 설명하려고 한다. 이는 자신이 집중할 수 있는 상상의 공간적 영역을 말한다. 어떤 종목에서든지 일류 운동선수 대부분은 마이 존을 가지고 있다. 3장에서 어떤 수영선수는 경기 후반에 레인의 마지막 10미터를 앞두고 물과 혼연일체가 되어 막판 스퍼트를 올린다는 이야기를 했다. 야구선수가 타석에 들어설 때마다 특유의 동작을 하는 것도 마이 존을 만드는 행위다.

아르헨티나 축구선수인 메시는 자신의 발에서 70센티미터 이내에 있는 공은 보지 않고도 다룰 수 있다고 한다. 그래서 상대편 수비수들에게 둘러싸여 있어도, 선수들의 움직임만 신경 쓰면서 드리블로 수비를 뚫거나 상대방의 다리 사이로 공을 패스해서 빠져나올 수 있다. 그것은 발밑 70센티미터만큼의 공간이 메시의 마이 존이기 때문이다.

마이 존에서는 환경과 사람이 하나가 되어 최고의 집중력을 발휘할 수 있다. 일단 그 안에 들어가면 어떤 상황에 처해도 통일성·일관성 본능을 유지할 수 있으므로 주변을 신경 쓰지 않고 온전히 해야 할 일에 몰두할 수 있다.

마이 존은 누구나 만들 수 있고 만드는 방법도 어렵지 않다. 눈을 감고 있든 뜨고 있든, 어디에서나 마음이 진정되고 곧바로 집중할 수 있는 마이 존을 꼭 만들기 바란다. 보통 마이 존의 기준은 팔을 뻗었을 때의 거리만큼 전후좌우로 펼쳐진 공간이다. 구체적인 범위는 사람마다 다르겠지만 눈을 감아도 선명하게 그릴 수 있는 범위라고 기억하면 된다. 마이 존을 설정해두면 이후에는 '여기가 마이 존이다'라고 암시하는 것만으로도 마이 존을 만들 수 있다.

　처음에는 어색하겠지만 익숙해지기 전까지는 책상 위나 눈앞의 공간에 손으로 선을 긋고 "여기가 마이 존이다."라고 소리 내어 말해보자. 목욕을 할 때나 화장실에 있을 때처럼, 방해받지 않고 무언가를 집중해서 생각할 수 있는 장소에 있을 때의 느낌을 떠올려보는 것도 도움이 된다.

　그리고 자세를 올바르게 하여 시선을 수평으로 유지하라. 마이 존에 들어가기 위해서는 공간인지능력을 올바르게 작동시키는 것도 중요하다. 의자에 앉아 있을 때에도 등을 곧게 펴고 시선을 수평으로 맞춘 후에 손으로 공간을 구분 짓고 "여기가 마이 존이다."라고 말하면 그 안에 들어가기 쉬워진다.

　나는 눈을 감고 "여기다."라고 소리 내어 말함으로써 어디에서든지 마이 존을 만들 수 있다. 마이 존에 들어가기만 하면 자동차 보조석에서 논문을 쓰는 것도 식은 죽 먹기다. 실내에 있을 때에는 책상 위를 정리하여 아무 것도 없는 상태로 만들고 나서 마이 존을 만든다. 기존의 정보나 기억에 영향받을 여지를 없애고, 고

정관념에 얽매이지 않은 독창적인 생각을 떠올릴 수 있는 환경을 스스로 조성한다.

◆ 일하는 장소가 일정하지 않다면 마이 존은 필수

마이 존에서 집중하는 습관이 만들어진다면 언제 어디에서나 최대한의 집중력을 끌어올릴 수 있다. 만약 일하는 자리를 고정하지 않는 '프리 스페이스'를 도입한 직장에서 일하고 있어서 업무 효율이 떨어지고 좀처럼 집중하기 어렵다고 느껴진다면 마이 존이 좋은 해결책이 된다. 요즘은 장소에 구애받지 않고 어디서든 정해진 만큼만 일하는 노마드 워커(nomad worker)나 재택 근무 같은 업무 방식이 늘어나고 있다. 하지만 뇌의 본능의 측면에서 보면 일하는 공간이 달라진다는 건 집중을 방해하는 커다란 요인이다.

공간을 효율적으로 활용하고 사람들 사이의 의사소통을 원활하게 하기 위하여 개인 책상을 두지 않고 그때그때 비어 있는 자리에서 업무를 하는 프리 데스크 시스템을 도입한 기업도 있다. 이 역시 뇌과학의 관점에서 보면 통일성·일관성 본능이 유지되지 않기 때문에 추천하지 않는다.

어떤 기업의 예를 들자면, 영업 실적을 높이기 위하여 전국에서 실적이 가장 뛰어났던 지사에 프리 데스크 시스템을 도입했다. 그런데 1년 후에 그 지사의 영업 실적은 최하위로 떨어졌다. 기업의 대표는 많은 사람들과 대화를 나눌 수 있으니 뇌가 자극을 받아서 좋은 아이디어가 샘솟을 것이라고 기대했지만, 개인 책상이 없어지자 마이 존을 확보하지 못한 직원들은 달라진 환경에 적응하지 못하고 업무 효율이 절반 가까이 떨어졌다. 이 기업은 나의 조언을 받아들여 프리 데스크 시스템을 폐지했다.

회사의 선택에 따라 우리는 언제든 집중하기 어려운 환경에 놓일 수 있다. 일을 하다 보면 갑자기 팀을 옮기거나 지사를 이동하는 경우도 부지기수다. 그럼에도 당장 업무를 진행해야 할 때는 마이 존이 필수적이다. 마이 존을 만드는 방법을 충분히 익혔다면 프리 스페이스나 오픈 스페이스에서도 남들과는 달리 고민 없이 평소처럼 일할 수 있다. 하지만 낯선 환경에서 도무지 집중하기 어려울 때에는 당분간은 매일 같은 자리에 앉아 내 두뇌가 환경에 익숙해지기를 기다리는 것도 하나의 비결이다.

아직 사무실의 개인 책상이 파티션으로 둘러싸여 있는 경우도 있지만, 최근에는 많은 회사들이 사방으로 개방된 책상을 선호하여 마이 존을 만드는 데에 어려움을 겪는다. 책상 주위에 파티션이 없으면 다른 직원들과 소통하기 쉽다는 장점이 있다. 하지만 시야나 소음을 차단할 수 없어 확실히 업무에 집중하기는 어려워진다.

예전에 어떤 직장인이 "제 자리에서는 부장님 얼굴이 바로 보여서 일에 집중을 할 수가 없어요. 어떻게 하면 좋을까요?" 하고 상담을 해온 적이 있다. 그래서 "큼지막한 책꽂이를 준비해서 부장님의 얼굴이 보이지 않도록 배치하세요. 얼굴이 보이니까 긴장돼서 집중하지 못하는 거잖아요. 그러니 얼굴을 가리면 마이 존을 만들 수 있을 거예요."라고 충고해주었다.

이렇듯 한번에 완성할 수는 없더라도 마이 존을 만들려는 작은 노력은 할 수 있다. 자기 자리에서 어떻게 해도 집중할 수 없다면 환경에 변화를 줘서 집중할 수 없는 환경에서 유지되던 통일성·일관성 본능을 거스르는 것도 뇌의 허를 찌르는 방법 중 하나다.

무아지경의 집중력 ❷

'승부'는 성장하는
기회다

♦ 이기고 진다는 개념에서 벗어난다

중요한 경쟁에서 압도적으로 우위를 선점하고 싶다면 승부 자
체를 경쟁이 아니라 자신을 성장시키는 기회, 자신의 역량을 시
험하는 기회라고 생각하자.

실전에서 지나치게 긴장하고 제 실력을 다 보여주지 못하는 사
람들은 경쟁에서 이기고 지는 것에 너무 집착하기 때문이다. '지
면 어떡하지', '저 사람이 나보다 잘할지도 몰라' 하고 생각하느라

능력을 제대로 보여주지 못하는 경우가 많다. 그런 생각이 들면 무의식적으로 마음이 침체되고 집중력도 떨어져 실력을 제대로 발휘해보지도 못한 채 패배하고 만다. 이러한 패턴에서 벗어나기 위해서는 자기보상신경군을 단련하여 경쟁 자체를 재미있어 하고 긍정적으로 생각할 필요가 있다. 이때 중요한 것이 승부를 자신을 성장시키는 기회, 자신의 역량을 시험해보는 기회라고 생각하는 것이다.

애초에 다른 사람에게 이기고 지는 것은 관계 본능과 모순된다. 게다가 자신을 지키겠다는 자기보존 본능까지 과도하게 작동한다면 승부를 시작하기도 전에 이미 진 것과 마찬가지다. 그러니 승패에 연연하는 대신 나를 단련하고 성장시키는 기회로 여겨 자신의 능력을 키우기 위하여 어떻게 접근할 것인지에 초점을 맞춘다.

승부에 대한 관점을 바꾼다면 회사 업무에서도 '예전에 저 사람이 나를 도와주었으니까 이번에는 내가 도움이 되고 싶다'고 생각하게 된다. 누군가에게 도움을 주고 싶은 선의는 그것만으로도 의욕이 솟아난다. 다른 사람을 위한 일을 했을 때나 누군가에

게 보탬이 되고 싶은 마음이 충족될 때에 느끼는 감정이 뇌에게
는 보람과 기쁨이라는 보상으로 작용하기 때문이다.

누군가를 위하여 행동하면 만족감을 느끼게 된다. 그 감정이
자기보상신경군을 자극하여 집중력이 만들어지며, 그 힘으로 업
무에 몰두하면 놀라운 성과로 이어질 것이다. 인간적으로도 성숙
해질 수 있다. '누군가의 웃는 얼굴이 보고 싶다', '다른 사람을 위
해서 노력하고 싶다'고 생각하는 사람일수록 자신감에 차 있고
가치 있는 일을 하는 경우가 많다. 자신을 성장시키는 기회라고
생각하면서 다른 사람을 위해 시간과 노력을 할애하는 것이 뇌에
게는 여러 가지 보상이 주어지는 행동이기 때문이다.

◆ 라이벌은 나를 성장시키는 사람

'지면 어떡하지', '저 사람이 나보다 뛰어날지도 몰라'라는 생각
이 들 때에는 관계 본능을 다른 쪽에서 접근해보자. '지면 어떡하
지'라는 생각의 이면에는 '저 사람에게 지고 싶지 않아'라는 마음
이 숨어 있다. 이런 마음은 상대방을 라이벌이나 적으로 인식하는
것이다. 그 대신 '나를 성장시켜주는 사람', '내가 더 노력하도록

만드는 자극제'라고 생각해보자. 그렇게 생각함으로써 관계 본능을 거스르지 않고 해야 할 일에 전력투구할 수 있다.

올림픽 전에 한 메달리스트에게 이런 이야기를 해준 적이 있다. "좋은 기록을 내는 것은 함께 싸우는 동료가 있기에 가능합니다. 그러니 강력한 라이벌을 경쟁자라고 생각하지 말고 내가 능력을 발휘할 수 있게 만드는 좋은 동료라고 생각해보세요." '이 사람이 있어서 내가 성장할 수 있다'는 사고방식은 업무에서 성과를 낼 때뿐만 아니라 내가 이전과는 다른 역량을 보여줄 인재로 발돋움하는 데에도 큰 힘이 되어줄 것이다.

먼저 기술을
내 것으로 만든다

✦ 중요한 것은 무엇보다 '기술'

'심기체(心技體)'라는 말이 있다. 정신력(心)과 기술력(技), 체력
(體)을 함께 단련하는 것이 중요하다는 의미가 담긴 표현이다. 나
역시 이런 생각에 전적으로 동의한다. 정신력만 키운다고 해서
집중력이 생기는 것은 아니다. 정신과 기술, 신체가 삼위일체가
되어야 집중력은 말할 것도 없고 어떤 일에서든 기대한 만큼의
성과를 낼 수 있다.

그런데 흔히 셋 중에서 가장 먼저 단련해야 하는 것을 정신력이라고 믿는 경향이 있다. 그러다 보니 승부를 겨뤄야 하는 상황에서 의지력이나 정신력만을 강조한다. 스포츠에만 국한된 이야기가 아니다. 직장 상사는 '의지가 부족하니까 계약을 따내지 못하는 거야'라고 하고, 선생님은 '정신을 집중하면 외울 수 있어'라고 말한다. 여러분도 누군가에게 들어보거나 직접 말해본 적도 있을 것이다. 그러나 뇌과학의 관점에서 '심기체' 중에서 가장 먼저 단련해야 하는 것은 '기술'이다. 왜냐하면 뇌는 기술이 있어야 움직이기 때문이다.

여자 배구 국가대표팀은 한때 주공격수뿐만 아니라 톱클래스 선수들 없이 새로운 멤버로 팀을 꾸려서 국제 경기에 나가야 하는 어려움에 처했다. 조언을 구하러 온 국가대표팀에게 나는 "여러분은 전설적인 팀이 될 사람들입니다. 그러려면 실력이 있어야 하지요. 기술이 완벽하지 않다면 우선 기술부터 단련하세요. 자신이 만족할 수 있을 만큼 기술을 키우기 전에는 저를 찾아오지 마세요."라고 단호하게 말했다.

선수들에게 꽤나 쓴소리를 했지만, 한 사람 한 사람이 누구에게도 지지 않을 만큼 실력을 갖춘다면 국제 경기라는 벽은 얼마든지 무너뜨릴 수 있다는 숨은 뜻이 전해졌을 것이다. 그 후에 국가대표팀은 속도감을 살린 특유의 기술을 발전시켰다. 아쉽게도 결승에 진출하지는 못했지만 예선전에서는 강팀인 브라질과 러시아를 이기는 쾌거를 이루었다. 두 경기 모두 풀세트 끝에 어렵게 따낸 승리였다. 이 결과를 보면 국가대표팀의 모든 선수들이 마지막까지 엄청난 집중력으로 경기에 임했다는 것을 짐작할 수 있다.

♦ '이것만큼은 내가 최고다' 싶은 기술을 키우자

　뇌의 능력을 최대한 발휘시키기 위한 현대판 '심기체'는 기술력-체력-정신력의 순서를 이룬다. 집중력도 뇌의 능력 중 하나이므로 '정신력으로 이겨내라', '집중하지 못하는 것은 의지가 부족해서다'라는 말을 듣는다고 해서 저절로 생기는 것이 아니다. 이 세상에서 누구에게도 지지 않을 기술을 단련하면 자연스레 자신감이 붙고, 자신감이 생기면 정신력도 강인해져서 흔들리지 않는 집중력을 갖출 수 있다. 그러니까 우선 이것만큼은 누구에게도 지지 않는다고 당당하게 내세울 수 있는 기술을 키우자. '엑셀을 다루는 건 자신 있어', '서류 정리만큼은 나를 따라올 사람이 없지', '고객을 방문한 횟수는 누구에게도 지지 않아'처럼 무엇이라도 좋다. '책상 정리만큼은 내가 전문가야'라는 목표도 충분히 도전해볼 만하다.

예전에 공항에서 전문적인 청소 직원을 본 적이 있다. 허리에 걸레를 차고 공항 안을 돌아다니면서 더러운 것을 발견하면 재빠르게 달려가서 걸레로 닦은 후에 곧장 다른 곳으로 이동했다. 쓰레기도 발견하는 족족 순식간에 주워 담으면서 '내가 이 공항을 깨끗하게 만들겠다. 청소만큼은 누구에게도 지지 않는다'는 듯한 기운을 내뿜으며 쉬지 않고 움직이는 모습에 감탄이 절로 나왔다. 이 또한 누구에게도 지지 않는 그 사람만의 기술이다.

매번 성과가 드러나는 일이 아니어도 좋다. 특정 분야에서는 바로 사람들이 나를 떠올릴 수 있는 자신만의 기술을 단련하는 것도 집중력을 발휘하는 데에 좋은 원동력이 된다.

AI가 대체할 수 없는
인간의 고유 영역

◆ 창의적인 발상을 가로막는 본능

마이 존을 만들 때에 책상 위를 깨끗하게 정리하면 기존의 생
각에 얽매이지 않는 환경을 만들 수 있다고 앞서 설명했다. 늘 같
은 환경에서 일하며 통일성·일관성 본능을 유지하는 것은 집중
력에 도움이 된다. 하지만 독창적인 아이디어를 내야 할 때에는
오히려 우리의 사고를 방해한다.

경험이 풍부한 베테랑일수록 틀을 깨는 새로운 발상을 떠올리

기 어려운 이유는 자신이 쌓아온 지식이나 자기만의 원리 원칙이 뚜렷하기 때문이다. 거기에서 벗어나려고 하면 상식의 통일성·일관성 본능을 무너뜨리는 꼴이 되고, 자존심까지 일어나 자신의 방법을 지키려는 자기보존 본능이 강하게 작동하기 시작한다.

그러나 지금까지의 상식이나 자신만의 규칙을 매순간 의식하고 깨부수지 않으면 파격적인 아이디어나 신선한 발상은 떠오르지 않는다. 다른 사람의 아이디어도 이해하거나 받아들이기 어려워진다. 즉 창의적인 작업을 할 때에는 먼저 익숙하고 자연스러운 패턴에서 벗어나는 것이 필수다.

참신한 생각이나 독창적인 발상은 기존의 개념이나 고정관념에 매여 있는 한 떠오르지 않는다. 따라서 익숙한 상식에서 벗어날 필요가 있는데, 그러려면 높은 수준의 집중력이 필요하다. 예전에 올림픽 출전을 목표로 하던 컬링 2순위 팀에게 1위로 도약하기 위해 조언을 해달라는 요청을 받은 적이 있다. 나는 "스톤과 스톤 사이에 3센티미터 정도 되는 지점을 노려서 스톤을 통과시키세요."라고 말했고, 그 말을 들은 선수들은 모두 일제히 "그건 불가능합니다. 할 수 없어요."라는 반응이었다.

이는 선수들이 기존 자신들의 성적에 사로잡혀 있기 때문이었다. 안전함을 지향하는 선수들의 자기보존 본능이 과도하게 작동하고 있었지만, 나는 '지금까지와 같은 방식만 고수한다면 1순위 팀에게 절대로 이길 수 없다'는 생각을 분명히 전했다. 스톤을 붙이는 방법은 물론, 스톤이 움직이는 시간까지 0.1초 단위로 계산하고 집중력을 최대한 발휘하여 스톤을 던지라고 조언해주었다. 이후 그들은 실패를 거듭하면서도 연습을 반복하여 고도의 집중력으로 기술을 다듬은 끝에 3센티미터 사이로 스톤을 통과시키는 데에 성공했다. 이 팀은 그 후에 여자 컬링 국가대표로 올림픽에 출전할 수 있는 기회를 잡았다.

♦ 3일 간격으로 반복해서 생각하자

기존의 상식으로 봤을 때 '그런 방법이 통할 리 없어', '불가능해'라는 생각부터 드는 일이라도, 상식의 테두리를 벗어나서 떠오르는 아이디어를 한 걸음씩 시도해보면 성취감이 느껴지고 어떤 어려움도 돌파할 수 있다. 물론 처음부터 쉽지는 않을 것이다. 뇌는 급격한 변화를 싫어한다. 특히 통일성·일관성 본능은 강렬한 변화에 저항을 느끼도록 설계되어 있다. 그러니 조금씩 변화로 나아가는 것이 중요하다.

그렇다면 본능을 조금씩 바꾸기 위해서는 어떻게 해야 할까? 그때는 반복이 가장 좋은 해결책이 된다. 사고회로인 다이내믹 센터 코어는 반복하여 생각하는 작업을 통해서 사고가 깊어진다. 그렇게 할 때에 독창적인 발상이나 아이디어가 탄생한다. 게다가 반복하여 생각하면 상식의 통일성·일관성 본능이 조금씩 흔들리면서, 새로운 생각을 덮어놓고 배척하는 것이 아니라 '그렇게 생각할 수도 있구나' 하는 자세로 변해간다. 이런 방식으로 본능을 조금씩 조정할 수 있다.

여기서 기억해야 할 것은 두 가지다. 하나는 3일 간격으로 반복하여 생각하는 것이고, 다른 하나는 막연하게 같은 생각을 반복하는 것이 아니라 기존의 상식을 의심하는 자세로 집요하게 생각하는 것이다.

앞서 이야기했듯이, 나는 의식을 잃고 심폐정지 상태인 환자들을 사회로 복귀시키겠다는 다짐에서 출발하여 뇌저온치료를 개발하게 되었다. 당시에 나의 다짐을 들은 직원들은 '그건 불가능해요', '안 될 게 뻔해요'라며 하나같이 부정적인 반응을 보였다. 식물인간 상태의 환자를 호전시켜 사회에 복귀시키겠다는 생각은 상식을 벗어난 이야기임에 분명했다. 그러니까 그때까지의 의학 지식이나 임상 경험을 바탕으로 '가능할 리 없다', '안 될 게 뻔하다'는 반응을 보인 것이다. 거기서 내가 "왜 안 될 거라고 생각해요?"라고 물으면 "지금까지 시도해본 적도 없고 성공한 적도 없으니까요."라는 답변이 돌아왔다.

　하지만 내가 의심한 것은 '전례나 실적, 의학 상식을 통해서 얻을 수 있는 결론이 과연 그것뿐인가. 생명을 구할 가능성은 정말 없는 것인가'였다. 예를 들어, 일반적으로 환자의 뇌간세포가 전기 활동을 멈춘 것으로 나타나거나, 뇌가 기능하는 것이 보이지 않을 때에 환자가 사망했다고 판단한다. 그러나 세포를 둘러싼 세포막이 기능하지 않는 상태에서도 같은 현상이 나타난다. 뇌간세포가 완전히 죽은 환자라면 사회에 복귀시키기 어렵다. 하지만 세포막의 기능만 소실된 것이라면 다시 살릴 수 있다. 뇌간세포가 죽은 것인지 세포막의 기능만 없어진 것인지 어떻게 구별할지 직원들에게 물었을 때에 아무도 확실하게 대답하지 못했다. 그저 "선생님, 어쨌든 그건 말이 안 돼요."라고 말할 뿐이었다.

하지만 내가 예측한 대로 그중에서 세포막의 기능이 소실된 상태였던 환자는 치료를 통하여 사회에 복귀할 수 있었다. 이 결과를 보고 '안 될 게 뻔하다'고 했던 직원들도 생각을 바꾸었고, 결과적으로 6년이라는 시간을 거쳐 뇌저온치료를 개발하여 40퍼센트의 환자를 다시 병상에서 일어나게 했다.

만약 내가 당시의 의학 상식에만 갇혀 있었다면 뇌저온치료는 탄생할 수 없었을 것이다. 일반적으로 상식이라고 여겨지는 것이 오답일 때도 있다. 그것을 간파하려면 지식이나 인간적인 성숙, 진심을 다한 노력 등 여러 가지 요소가 필요한데, 가장 중요한 것은 '그게 당연하니까', '상식적으로 맞는 말이니까'라며 새로운 시도를 가로막지 않는 것이다.

◆ 인공지능이 접근할 수 없는 영역

인공지능의 시대가 도래하고 있다. 아니, 이미 많은 인력을 인공지능이 대체했다. 앞으로 인공지능에게 일자리를 빼앗기는 경우가 더 늘어날 것이고, 독자 여러분 중에도 자신의 직업은 안전할지 걱정하는 사람이 있을 것이다. 인공지능은 슈퍼컴퓨터이므로 저장할 수 있는 데이터의 양으로 비교하면 인간은 상대가 되지 않는다. 수많은 사람이 데이터로 입력한 풍부한 경험치 중에서 가장 비슷한 것을 찾아내고 최적의 답을 도출해내는 것이 인공지능이다. 이 점에 있어서도 인간의 두뇌는 불리한 것이 사실이다.

그러나 인공지능도 할 수 없는 것이 있다. 바로 지금까지 없던, 독창적이고 새로운 발상이다. 인공지능은 유의성을 바탕으로 최적해를 도출해내는 일에는 뛰어나지만, 거기에서 완전히 벗어나서 새로운 무언가를 생각해내지는 못한다. 하지만 인간은 그것이 가능하다.

앞서 말했듯이 인간은 반복하여 생각함으로써 상식을 조금씩 바꿔나가고, 지금까지와는 전혀 다른 새로운 발상을 끄집어내는 힘이 있다. '싫어하는 것을 좋아하는 힘이 집중력을 키우는 데에 도움이 된다'는 조언을 듣고, '그렇구나' 하고 이해한 후에, 좋아하는 힘을 키우기 위하여 사고방식을 바꾸고 생각의 한계를 뛰어넘으려고 노력하는 것은 인간만이 할 수 있는 일이다.

물론, 언젠가 인공지능이 집중력까지 가지게 된다면 어떤 변화가 일어날지 지금은 알 수 없다. 하지만 자신의 마음을 잘 다스리며 자기보상신경군을 단련하는 것, 집중력을 발휘하여 반복해서 생각하는 것, 차이점을 인식하는 힘을 키우고 차이 속에서 힌트를 발견해내어 새로운 발상으로 연결하는 것. 그것을 게을리하지 않는 사람이라면 인공지능의 시대가 오더라도 결코 기계가 대체할 수 없는 가치 있는 일을 할 수 있다.

폭발적 시너지를 부르는
팀워크의 비밀

✦ 차이에서 기회가 찾아온다

앞서 우리는 다른 사람이 있어야 제 능력을 보여준다고 했다. 동시발화 메커니즘, 관계 본능, 통일성·일관성 본능이 복합적으로 작용하여 주변에 뛰어난 사람들이 있으면 자신도 높은 집중력을 발휘하여 평소보다 한 단계 어려운 일을 해낼 수 있다. 그럼 이제부터 여러 사람으로 구성된 팀이 뛰어난 성과를 얻어내는 뇌 활용법을 알아보자.

여기서 가장 먼저 기억해야 할 것은 다이내믹 센터 코어를 기반으로 하는 공생 본능이다. 이는 다른 사람들과 서로의 차이를 인지하면서 함께 살아가고 싶어하는 본능이다. 조직이나 팀이 힘을 모아서 능력을 발휘할 때에 중요한 것은 '동료'라는 개념이다. 관계 본능을 바탕으로 하면서도 서로의 차이를 인정하면서 시너지 효과를 낼 수 있도록 이끌어야 한다. 뇌는 무언가를 사고할 때 마지막 단계에서 차이를 인식하고 새로운 생각을 구축한다. 여러 사람이 한 팀에 모여 각자 가진 능력을 발휘하고 팀워크로 어려움을 극복하고 새로운 발상을 해내려면, 팀원들의 생각이 서로 다를 때 '의견 차이를 발견했으니 양쪽 모두를 구현할 수 있는 답을 찾자'라고 생각할 수 있을 정도로 각자가 인격적으로 성숙해야 한다.

그러려면 상사와 부하, 선배와 후배, 동료라는 관계성을 떠나서 사람 자체를 존중하는 능력이 필요하다. 불편한 사람이나 싫은 사람까지 포용할 수 있는 태도가 중요하다. 팀워크가 나쁜 집단에서는 일에 온전히 집중하지 못하고 '네 생각은 틀렸어', '어떻게 그렇게 생각할 수 있지?'라는 방식의 다툼이 생기지 않도록 주의해야 한다. 의견이나 사고방식에 차이가 있으니 서로 다른 게 당연하다. 각자의 입장에 빈틈을 메울 수 있도록 노력하는 방향으로 생각을 맞춰가는 것이 중요하다.

특히 리더에게는 지금의 팀을 더 좋은 팀으로 만들어야 하는 의무가 있다. 팀워크가 안 좋다면 그런 환경을 만든 리더에게 책임이 있다. 분명히 서로 차이가 있지만 그럼에도 문제 없이 함께 협업하는 팀이 되려면 서로의 실패를 보듬어주어야 한다. 누군가가 잘못을 하더라도 '너 때문이야'라고 몰아세우거나 무시하지 않고, 모두 힘을 합쳐서 실수를 만회하자고 생각하는 환경을 조성하는 것이 리더의 역할이다.

♦ 리더가 기억해야 할 네 가지

여기서는 내가 응급의료센터에서 치료팀을 이끌던 때에 팀워크를 위하여 명심했던 사항 네 가지를 소개하겠다.

① 반대 의견을 낼 때는 반드시 이유를 설명한다

반대 의견을 말할 때에는 반드시 이유와 대안까지 덧붙이는 것을 팀의 원칙으로 정했다. 그리고 반대하는 이유는 발언자의 이익이 아니라 팀 전체의 이익이 되는 것이어야 한다. 이렇게 명확하고 구체적인 원칙이 정해지자 반대 의견을 내는 사람도 부담 없이 말할 수 있는 분위기가 형성되었다.

② 칭찬하고 의지하고 의견을 묻는다

리더인 내가 생각한 의견이 있더라도 직원들에게 이래라저래라 시키지 않고, '더 좋은 방법이 없는지 함께 생각해보자', '좋은 아이디어를 낼 수 있을 것 같아서 물어보는 건데'라며 의견을 구하는 습관을 들였다. 그러자 직원들은 언제나 존중받는 느낌으로 주체적으로 의욕 있게 일하면서 좋은 결과를 내주었다.

③ 실패는 리더가 책임진다

나는 직원들에게 모든 책임은 내가 질 테니까 최선을 다해서 일해달라고 말해왔다. 누군가가 새로운 방식을 시도하여 좋은 성과를 올렸을 때에는 모든 사람들 앞에서 칭찬하는 것도 잊지 않았다. '무슨 일이 있어도 상사가 나를 지켜줄 것이다'라고 생각한다면 팀원은 편안한 마음으로 일에 집중하고 기꺼이 새로운 일에 도전한다. 만일 누군가가 실패하더라도 책임을 묻는 대신에 팀원들이 함께 '왜 우리가 실수를 보완하지 못했을까' 생각하고 해결

책을 찾는다. 그러자 실수를 개인의 문제로 돌리는 것이 아니라 팀 전체의 문제로 받아들여 서로 보완하는 분위기로 만든다.

④ 방향이 바뀌었다면 반드시 모두에게 알린다

팀워크를 위해서 반드시 팀의 목표나 방향성을 모두와 공유한다. 그런데 처음 정한 방향이 예상보다 진행이 더디고 어떻게 해도 성과로 이어지지 않는다면, '처음 정했던 방법은 효과가 없으니 다른 방법을 쓰자', '지금 하고 있는 것보다 더 좋은 방법이 떠올라서 새롭게 시도해보겠다'라고 반드시 모든 직원에게 전달했다. 변동 사항을 모두에게 알리지 않고 알아서 전달하겠거니 해서 자신이 편한 대로 몇몇에게만 전달한다면 의사소통에 문제가 생기고 성과도 내지 못한다. 기본적으로 모든 직원이 동시에 같은 목표에 몰입하면서 새로운 방법을 시도해보는 것. 그것이 팀 전체가 원하는 만큼의 성과를 만들어내는 가장 빠르고 확실한 방법이다.

♦ 나부터 변화를 만든다

만약 '우리 팀은 안 돼. 믿을 만한 상사도 없고……'라는 생각이 든다면 자신이 변화를 주도하는 것도 방법이다. 나설 만한 사람이 주변에 없다면 자신이 변화를 주도하는 사람이 되자. 앞서 말한 집중력이 높은 팀을 만들기 위하여 리더가 기억해야 할 ①, ②는 리더가 아니더라도 팀원들이 서로 보완하는 환경을 만들기 위해 시도해볼 수 있는 방법이다.

리더로서 사람들을 이끄는 위치가 아니더라도 동료의 노력이나 성과를 보고 '굉장하네', '고생했어'라고 앞장서서 칭찬한다면 서로 응원하는 분위기를 만들 수 있다. 모든 팀원들을 '나를 성장시키는 동료'라고 생각하고, 차이를 인식하고 함께 발전하는 것을 중요시하며, 서로 칭찬하는 분위기를 만들어간다면, 조직도 여러분 자신도 단숨에 완벽한 시너지 효과를 완성할 수 있을 것이다.

인생에 성공을 부르는
무아지경의 집중력

✦ 몸과 마음을 조절하는 무아지경의 집중 습관

　시간이 가는 줄도 모르고 무언가에 열중해본 경험은 누구나 있을 것이다. 집중력이 최고조에 달하면 주변이 전혀 신경 쓰이지 않게 되고 눈앞의 일에 완전히 몰두하여 열중한다. 그러한 상태를 우리는 '몰입' 또는 '무아지경'이라고 표현한다. 무아지경, 즉 한 가지에 집중한 나머지 자신을 잊어버리는 경지에 이르면, 인간은 스스로 예상하지 못할 정도의 능력을 발휘할 수 있다. 머릿속에서 다른 생각은 일어나지 않고 모든 신경을 오직 눈앞의 일에만 쏟기 때문이다.

게다가 무아지경인 상태에는 몸 안에서도 굉장한 변화가 일어난다. 프리다이빙을 할 때 심폐기능이 달라지는 것을 보면 이해할 수 있다. 이는 오리발을 신고 몸에 추를 달아서 산소통 없이 잠수하여 얼마나 깊이 얼마나 멀리 가는지 기록하는 운동이다. 프리다이빙을 하는 사람들은 특별한 호흡법으로 폐에 공기를 모은 다음에 잠수를 한다. 수심이 깊어질수록 심장박동은 느려지고 수압 때문에 폐가 작아져서 심폐기능이 변한다.

그들에게 무아지경인 상태는 생명과 직접적으로 연결된다. 심해를 향해 수직으로 들어가는 프리다이빙에서는 수심 100미터를 넘는 것이 상징적인 목표다. 수심 60미터, 70미터가 되면 몸 안의 산소가 모두 사용되어 심장이 멈출 위험이 커지고, 뇌는 무산소상태가 되어 의식소실이 일어나 '블랙아웃'이라는, 죽음으로 이어지는 위험한 상태에 가까워진다.

그런 일이 일어나지 않게 하려면 내가 스스로 몸을 조종하겠다는 생각은 버리고, 온 몸의 힘을 빼고 숨이 막히거나 숨을 쉬고 싶은 욕구가 생길 때에는 그저 그 순간에 집중하여 무심(無心)의 상태가 되어야 한다. 조금이라도 잡념이 생기거나 호흡에 대해 생각하거나 빨리 물 밖으로 나가고 싶다는 기분이 들면 뇌와 몸이 균형을 잃고 패닉에 빠져서 목숨을 잃을지도 모른다. 그러니 물과 자신이 하나라고 느낄 정도로 집중한 상태, 즉 무심의 상태가 되어야 한다.

심장과 호흡의 기능까지 바꾸면서 무아지경에 이르는 경지에 오른 사람이라면 집중력을 원하는 때에 언제고 활용할 수 있다. 운동선수가 집중력의 달인이 되면 인간의 한계를 뛰어넘는 기록을 낼 수 있다. 비즈니스에서도 마찬가지다. 잡념 없이 무아지경의 상태로 눈앞의 일에 몰두할 수 있다면 지금까지의 집중과는 차원이 다른, 인생을 바꿔놓는 성과를 거두게 된다.

◆ 루틴 스위치를 켜서 무아지경으로 들어간다

이 책을 여기까지 읽으면서 어떻게 하면 집중력을 키울 수 있는지, 두뇌를 어떻게 활용해야 온전히 한 가지 일에 집중하는 사람이 되는지 충분히 이해했을 것이다. 그런 여러분이 최종 목표로 삼기를 바라는 것이 바로 무아지경의 집중력이다. 일반적으로 무아지경이란 자신을 모두 잊어버린 상태를 가리키는데, 여기서는 자신을 잊어버린다기보다 그 장소에서 그 순간에 완전히 집중한 상태라고 이해하면 좋다.

무아지경에 도달하는 가장 쉬운 방법은 일을 단계별로 나누어 점점 몰입할 수 있는 행동 루틴을 정하는 것이다. 매일 루틴에 익숙해질 때까지 계속 반복하면 특별히 의지를 갖지 않아도 몸이 저절로 일에 집중하게 된다. 아침에 일어나서 아무 생각을 하지 않아도 자연스럽게 씻고 옷을 입고 같은 길로 출근하는 것과 마찬가지다. 그렇게 된다면 행동 루틴은 무아지경의 세계로 들어가는 스위치 역할을 맡는다. 자기만의 업무 또는 공부 루틴을 어떻게 구성해야 할지 생각해보자.

무아지경의 집중력을 목표로 하라니, 너무 막연하고 멀게 느껴질지도 모르겠다. 하지만 우직하게 눈앞의 일에 전력을 다하는 것과 자기만의 행동 루틴을 만드는 것, 이 두 가지만 기억한다면 누구나 무아지경의 집중력이 무엇인지 조금씩 몸으로 직접 익혀나갈 수 있다. 좋아서 하는 일에는 시간도 노력도 아낌없이 쓸 수 있었던 것처럼, 집중력도 내가 원할 때마다 남김없이 활용할 수 있는 팁을 이 책에 모두 담았다. 여러분의 두뇌는 한계를 뛰어넘어 재능을 틔울 수 있는 멋진 메커니즘을 갖고 있다. 이 책과 함께 아주 짧은 집중의 힘을 찾아내어 꼭 단숨에 바라던 성과를 얻어내는 인재가 되길 바란다.

꾸준함을 이기는
아주 짧은 집중의 힘

초판 1쇄 발행 2021년 1월 14일 **초판 2쇄 발행** 2021년 3월 12일

지은이 하야시 나리유키
옮긴이 이정현
펴낸이 이승현

편집1 본부장 배민수
에세이2 팀장 정낙정
편집 박인애
디자인 신나은

펴낸곳 ㈜위즈덤하우스 **출판등록** 2000년 5월 23일 제13-1071호
주소 경기도 고양시 일산동구 정발산로 43-20 센트럴프라자 6층
전화 031)936-4000 **팩스** 031)903-3893 **홈페이지** www.wisdomhouse.co.kr

ISBN 979-11-91119-98-5 03190